Théâtre pour femmes

Du même auteur*

Certaines œuvres sont connues sous différents titres.

Romans

La Faute à Souchon : (Le roman du show-biz et de la sagesse)
Quand les familles sans toit sont entrées dans les maisons fermées
Liberté j'ignorais tant de Toi (Libertés d'avant l'an 2000)
Viré, viré, viré, même viré du Rmi !
Ils ne sont pas intervenus (Peut-être un roman autobiographique)

Théâtre

Neuf femmes et la star
Les secrets de maître Pierre, notaire de campagne
Ça magouille aux assurances
Chanteur, écrivain : même cirque
Deux sœurs et un contrôle fiscal
Amour, sud et chansons
Pourquoi est-il venu :
Aventures d'écrivains régionaux
Avant les élections présidentielles
Scènes de campagne, scènes du Quercy
Blaise Pascal serait webmaster
Trois femmes et un Amour
J'avais 25 ans
« Révélations » sur « les apparitions d'Astaffort » Jacques Brel / Francis Cabrel

Théâtre pour troupes d'enfants

La fille aux 200 doudous
Les filles en profitent
Révélations sur la disparition du père Noël
Le lion l'autruche et le renard,
Mertilou prépare l'été
Nous n'irons plus au restaurant

* extrait du catalogue, voir page 260

Stéphane Ternoise

Théâtre pour femmes

14 septembre 2013

Jean-Luc PETIT Editeur / livrepapier.com

Stéphane Ternoise versant dramaturge :

http://www.dramaturge.fr

Tout simplement et logiquement !

Tous droits de traduction, de reproduction, d'utilisation, d'interprétation et d'adaptation réservés pour tous pays, pour toutes planètes, pour tous univers.

Site officiel : http://www.ecrivain.pro

© **Jean-Luc PETIT - BP 17 - 46800 Montcuq – France**

À *Romane*

À Dagrant

Couverture
Dagrant, 1896, à Varaire, Lot, symbolise l'auteur devant les comédiennes

Théâtre pour femmes

(Théâtre peut-être complet - tome 2)

Approche féminine de mon versant théâtre. Des pièces pour deux comédiennes jusqu'à celle pour dix, en passant par toutes les distributions intermédiaires.
Il est parfois nécessaire de publier. Pourquoi ? Pour qui ? Comment ? Peu importe, finalement... quand le livre est sorti.
Le théâtre aussi est l'art de mentir pour approcher au plus près de la vérité.
Ensuite ? Essayer de faire vivre sur scène ces comédies (ou tragicomédies). Sans devenir metteur en scène, comme la majorité des auteurs s'y résignent, lucides sur la conjoncture générale où les classiques présentent des avantages médiatiques, historiques et financiers (aucun droit d'auteur à verser), où un dramaturge peu joué est rarement lu.
Les vieilles voies depuis si longtemps bouchées (occupées par des clans), Internet est une chance. J'aimerais être régulièrement joué de mon vivant !
Naturellement, la réception d'une création ne doit pas (trop) influer sur l'écriture au quotidien... c'est ainsi que sont nés ces textes...

Sur ces pièces ? Etablir une théorie de l'extension dans le théâtre de Ternoise, au sujet des femmes attendent la star ? Une comédie pour quatre femmes, extensible jusqu'à dix ; il existe même des versions avec un, deux, trois, quatre, cinq hommes.

Stéphane, parfois dramaturge - octobre 2010

Table

11 Deux comédiennes : *Trois femmes et un amour*

33 Deux comédiennes : *Des vies après l'étape mannequin*

41 Trois comédiennes : *Trois femmes et une médaille retrouvée*

55 Quatre comédiennes : *Quatre femmes attendent la star*

95 Cinq comédiennes : *Cinq femmes attendent la star*

107 Six comédiennes : *Six femmes attendent la star*

151 Six comédiennes : *Ça magouille aux assurances*

177 Sept comédiennes : *Sept femmes et la star*

219 Huit comédiennes : *Sept femmes et la star (plus fan)*

223 Neuf comédiennes : *Neuf femmes et la star*

233 Dix comédiennes : *Dix femmes et la star*

Pour deux comédiennes :

Deux pièces. La première :

Trois femmes et un amour

Comédie en trois actes

Histoire :

Fanny, Sarah et Karine ont un point commun : avoir connu amoureusement l'écrivain Théo avant sa célébrité (il a utilisé leurs histoires dans ses textes). Fanny et Sarah ont un autre point en commun : elles se ressemblent "comme deux gouttes d'eau", mais Fanny est brune tandis que Sarah est rousse.
Théo doit recevoir, des mains du président de la République, la médaille des arts et des lettres. Les trois muses ont été invitées et l'action se déroule dans un salon d'attente du ministère de la Culture.

Trois personnages :

Karine 45 ans.
Sarah 40 ans, très hippie, jusqu'aux fleurs dans les cheveux.
Fanny, 43 ans, en jeans.
Sarah et Fanny sont jouées par la même comédienne.

Acte 1

Scène 1

Karine, en tailleur, très pomponnée, est installée dans l'un des confortables fauteuils. Elle rêvasse et soliloque.

Karine : - Ah ! Théo ! Mon cher Théo ! Qui aurait pu prévoir quand nous étions au collège ! J'étais l'intellectuelle. Et lui n'existait pas ! Avec son air bizarre de petit enfant sauvage, pas un prof n'aurait parié ses vacances, même celles de Pâques, sur Théo l'insignifiant, l'invisible... Le destin est vraiment curieux... Ah ! Théo ! Et il était amoureux d'un amour impossible ! (*très souriante, nostalgique... silence*) Toujours son besoin de réécrire la réalité. Il aurait appris par les médias mon invitation !... Oui, il doit être fatigué de ses starlettes. Je lui avais écrit qu'un jour on se retrouverait. Il doit s'en être souvenu. Je ne pensais pas qu'on se retrouverait aussi vite, je nous imaginais ensemble dans l'autre vie... Et voilà, moi, petite Karine montée à Paris de sa province, je suis au ministère de la Culture. Ah ! Si notre prof de math préféré voyait cela !... Va-t-il m'offrir un diamant ?... Au moins de cinq carats ! Maintenant qu'il en a les moyens, il doit me montrer son Amour éternel d'une manière éclatante... Finir ma vie avec lui... Ce serait un sacré rebondissement. Je m'étais promis de ne jamais me remarier, Théo crache sur le mariage, mais comme ce serait beau, qu'on se dise OUI dans la petite église de ma communion. A force de le répéter, j'en suis persuadée : j'étais déjà amoureuse de lui à 13 ans...

Entre Sarah, très cool.

Sarah : - Oh miss Karine ! Tu es venue !

Karine : - Ah ! Bonjour Sarah ... je crois qu'on se connaît de vue sans jamais s'être rencontrées.

Karine se lève et va vers Sarah, l'embrasse.

Karine : - Bonjour Sarah.
Sarah : - Salut chère Karine.
Karine : - Tu es surprise que je sois venue !
Sarah : - Surprise n'est peut-être pas le bon terme.
Karine : - Même s'il a prétendu dans les médias avoir ignoré mon invitation, je crois qu'il souhaite que l'on se reparle (*Sarah sourit et Karine s'en aperçoit*). Ce n'est pas ton avis ?
Sarah : - Si tu es venue avec l'intention de lui parler, tu lui parleras sûrement.
Karine : - Je t'avoue que moi aussi je suis surprise de te voir ici... Tu vas te présenter comme ça devant le président ?
Sarah : - Tu vises ma montre, tu ne la trouves pas suffisamment chic ? (*elle tend le bras*)
Karine, *sourit* : - Tu n'as pas vraiment le style palais officiels ! Tu n'as pas peur de gêner Théo ?
Sarah : - Gêner Théo !
Karine : - Ils ont dû te demander tes papiers à l'entrée.
Sarah : - Même pas ! Notre cher ministre de la Culture a eu la gentillesse de passer me prendre, donc en arrivant dans sa voiture, j'ai même été accueillie avec trop d'exagérations protocolaires.
Karine : - Tu connais le ministre !
Sarah : - Oh tu sais, il suffit de se croiser la veille pour devenir pote dans ce milieu ! Ça reste superficiel.
Karine : - Et tu l'as croisé hier !
Sarah : - Juste quelques minutes !
Karine : - Je suis montée à Paris depuis quinze ans et je

vais rencontrer pour la première fois des officiels, et toi, tu débarques, tu deviens amie avec le ministre de la culture !
Sarah : - Un ministre est un être humain ordinaire.
Karine : - C'est bizarre, j'ai l'impression de te connaître... Y'a que toi pour répondre « un être humain ordinaire »... Théo a tellement mis de nos vies dans ses romans et pièces de théâtre.
Sarah : Tu sais bien que mon personnage est un peu spécial, il m'a quand même crue morte durant ses vingt premiers livres. On s'est amusés, encore cette nuit, à relire certains de ses passages me concernant. Et c'est sûrement la force du roman de parfois tomber juste.
Karine : - Tu... tu veux dire que tu étais avec Théo cette nuit ?
Sarah, *en souriant* : Depuis quelques semaines nous sommes assez proches.
Karine : - Tu veux dire que c'est la grande histoire d'Amour qu'il a fantasmée, celle que vous auriez vécue s'il ne t'avait pas crue morte ?
Sarah : Non... c'est sûrement... Théo m'avait bien conseillé une extrême attention aux questions des journalistes, c'est un bon entraînement... c'est sûrement une conséquence de mon incapacité à mentir depuis ma sortie du brouillard. On s'était promis « *c'est notre secret* »... Même notre cher ministre n'est pas dupe et me taquinait... oui, il est passé hier soir à l'hôtel, tu vois même pour une banalité, impossible de maquiller la vérité... mais Théo sait que je repars, il sait que ma vie est là-bas et la sienne ici, enfin, en Occident.
Karine : - Je ne suis pas certaine qu'il soit un homme occidental classique, « ordinaire. »
Sarah : Tu veux dire ?
Karine : - Quand je l'ai vraiment connu, il vivait quand

même comme un… sauvage. Oui, il faut oser le mot, dans un de ces taudis. Si tu avais connu sa maison ! Quand j'ai vu les photos des journalistes qui t'ont retrouvée, dans ton abri à même le sol, ça m'a fait penser que vous devriez bien vous entendre, sur ce point-là.

Sarah : Les conditions matérielles n'ont rien à voir là-dedans.

Silence

Karine : - Ça m'avait vraiment choquée ! Pour une fois, il n'exagérait pas, il était même en dessous de la vérité. J'avais eu un haut le cœur, une envie de fuir. Je m'étais déjà interrogée en lisant sa pièce de théâtre où il décrivait l'arrivée d'un jeune couple dans un bordel monstre, je redoutais que le décor soit du vécu… Mais là… En plus une odeur entre moisi et renfermé… Comment peut-on vivre ainsi ? Je ne l'ai toujours pas compris.

Sarah : - On vit partout.

Karine : - Tu vivais vraiment comme sur les photos parues dans la presse ? Ou c'était une mise en scène misérabiliste ?

Sarah : Au village, là-bas, oui, comme tout le monde. Quand tu as des responsabilités, même simplement de Lama, quand tu montres la voie, tu ne peux pas vivre autrement que le reste de la population. D'ailleurs personne n'y penserait, celui qui a plus partage.

Karine : - Et à force de partager, tout le monde reste dans la misère. C'est le problème de l'Afrique et de l'Asie. Nos aides ne servent à rien tant qu'ils ne voudront pas développer leur économie, créer un véritable marché, tu ne crois pas ?

Sarah : - Ta réponse est très occidentale.

Karine : - Mais pourquoi tu ne restes pas en France alors ? Tu pourrais y enseigner. En plus tu as la nationalité

française. Et Théo a maintenant les moyens de t'offrir une maison décente.
Sarah : - Théo ne m'a pas proposé de maison ! Il sait. Comme il sait que je reviendrai parfois.
Karine : - Et tu crois qu'il ira te voir ?
Sarah : - Il en a naturellement une grande envie. Mais même venir à Paris, pour lui, c'est le bout du monde. Il est plus paumé que moi dans le métro ! Il a trouvé son équilibre dans le Quercy. Comme je l'ai trouvé là-bas.
Karine : - Tu y es allée ?... Dans son Quercy ?... Pour voir...
Sarah : - Seulement six jours.
Karine : - Il a encore ses poules, ses oies, ses canards ?
Sarah : - C'est presque le paradis ! (*cette réponse dépite Karine*)
Karine : - Sarah... puisqu'on est entre nous... Tu as vraiment eu le sida ?
Sarah : - Tu prépares un livre ?
Karine : - Non mais j'ai du mal à croire qu'on puisse en guérir.
Sarah : - On ne guérit pas du sida. Un jour peut-être il existera un médicament ou même mieux un vaccin... J'aide la recherche quand c'est possible, je suis à son service. Parfois un être réussit, en puisant en lui des forces qu'il ne pouvait pas imaginer avoir. Les scientifiques n'ont rien décelé en moi pouvant expliquer ce qui s'est passé. Le virus était là, plusieurs prises de sang l'ont confirmé et je me sentais vraiment très mal quand je suis partie.
Karine : - Et avec quoi t'ont-ils sauvée ?
Sarah : - De la compassion. Des plantes aussi. Toutes ont depuis été analysées par les scientifiques, sans résultat.
Karine : - Un miracle !

Sarah : - J'étais à l'agonie et aujourd'hui, il reste uniquement des anticorps. Ce qui prouve qu'il y a bien eu. Mais ces anticorps malheureusement n'aident pas la recherche.
Karine : - Et pourtant tu ne crois toujours pas en Dieu !
Sarah : - Je crois en la force de l'esprit. Je crois au présent. Je n'ai pas d'explications sur tout et ça me convient de vivre dans cette incertitude.
Karine : - Pourtant, ce n'était pas un hasard si dans ton état tu es partie en Asie, tu as ressenti un appel.
Sarah, *souriant avec une certaine tristesse* : - L'appel... comme tous les junkies te le diront, l'appel de la dope pour trois fois rien et pas coupée, y'a pas de quoi mythifier mon histoire, tu sais. J'étais une jeune paumée qui a cru pouvoir se shooter juste pour le fun. Et naturellement, j'ai plongé comme les autres. Déstabilisée, submergée et coulée en quelques mois. On croit toujours être plus fort que les autres quand on joue avec le feu, pour la drogue comme pour le reste.
Karine : - Et tu es vraiment sortie de la drogue ?
Sarah, *en souriant* : - Une ex-junkie est toujours une junkie !
Karine : - On dit que l'on ne s'en sort jamais, des drogues dures.
Sarah : - Disons donc simplement, que je ne consomme plus depuis lors et je n'en ai plus l'envie.
Karine : - Avec Théo... vous allez avoir un enfant ?
Sarah : - Le bouddhisme, même pour un Lama, n'exige pas d'abstinence sexuelle ! Je ne sais pas si c'est une conséquence de ce qui m'est arrivé ou si ce fut toujours ainsi... mais puisque le sujet t'intéresse... je n'ai jamais pris de pilule du lendemain...

Karine : - Je crois qu'elle me suivra toute ma vie, cette pilule du lendemain du 24 décembre.

Sarah : - Il serait étonnant qu'à mon âge mon corps se décide pour la première fois à fabriquer un enfant.

Le téléphone de la pièce sonne.

Karine : - Tu crois qu'on doit décrocher ? Comme c'est moi la plus proche !

Rideau

Les mêmes.

Acte 2

Karine, *décrochant* : - Oui... Oui, Karine... Oh !... Donc tout ce qui était prévu s'arrête ?... C'est une manière de nous signifier de quitter les lieux ?... Pourriez-vous nous en dire plus ?... Merci monsieur le conseiller... Merci... Je vous souhaite aussi une agréable journée... (*elle raccroche*)
Karine : - Il n'y aura pas de remise de médaille.
Sarah, *en souriant* : - Finalement il la refuse ?
Karine : - Tu le savais ?
Sarah : - Nous avions évoqué cette possibilité. Mais il considérait préférable d'accepter en expliquant pourquoi plutôt que de refuser en expliquant pourquoi... Nous n'étions pas d'accord.
Karine : - Apparemment il s'est passé quelque chose de grave à la tête de l'Etat.
Sarah : - C'est à dire ?
Karine : - Nous l'apprendrons par les médias mais il vaut mieux, en tant que proches de Théo, quitter discrètement ce ministère... Ce sont les propos du conseiller.
Sarah : - Quelle connerie il a bien pu faire ?
Karine : - Tu crois qu'il a fait une connerie ?

Le portable de Sarah sonne. Elle le prend et à la manière dont elle regarde le numéro qui s'affiche, en se mettant à l'écart, on comprend qu'il s'agit de Théo.

Sarah, *à voix basse mais audible* : - Amour... Oui, on vient juste d'être prévenues... Un conseiller vient d'apprendre à Karine qu'il s'était passé un truc grave mais on n'en sait pas plus... Quoi !? (*abattue, elle porte la main gauche au front... le plus discrètement possible*

Karine s'approche) Théo... tu sais bien... On en a parlé... Je viendrai parfois... Tu viendras aussi... Théo, je ne choisis pas entre ces deux choix... Nous savons ce qui est possible et ce qui ne l'est pas... Ce fut merveilleux mais tu sais que ma vie... Tu sais que ça me fait mal... Théo... Elle et toi, vous jouez... Stop Théo, je ne joue pas ! Tu viens de t'isoler pour me proposer « *soit on vit ensemble soit je pars à New York avec elle* » et pendant ce temps-là, tu crois pas qu'elle téléphone au président pour lui balancer « *soit tu acceptes je ne sais pas quoi, soit je pars à New York avec lui* »... Vous êtes deux grands enfants, Théo... Déjà hier soir, ses moqueries sur son mari n'étaient pas toujours de meilleur goût, même sous le masque de la chansonnette... Un peu immatures... Je te connais quand même... Mais tu te rends compte : tu as déclenché une affaire d'État juste pour me dire que tu m'aimes plus que tout... Théo, je sais pas... je ne sais plus... Si tu avais voulu te faire un coup de pub gigantesque, tu n'aurais pas trouvé mieux ! Les téléphones portables ont dû bien fonctionner ! Je suppose que tu dois déjà tourner en boucle sur le net, arrivant main dans la main avec la première dame de France... Je ne sais pas moi... C'est toi le romancier !... Racontez que vous allez réaliser un album ensemble, que vous preniez des photos pour la pochette !... Oui, j'arrive mais ça ne veut pas dire OUI pour tout... Je t'Aime... *(Sarah raccroche)*

Sarah, à Karine : - Je te laisse... Je ne sais pas si tu as entendu... Je te résume, qu'au moins ce ne soit pas les médias qui le fassent : Théo et madame la première dame étaient sur le point de prendre l'avion pour New York... Elle quittait l'Elysée et Théo me fait le coup du « *on vit ensemble ou je pars avec elle.* »

Karine : - Et tu vas donc le rejoindre.

Sarah : - On va encore parler... Tu vois, une femme bouddhiste peut aussi être emportée par ses sentiments... Allez... les médias raconteront une version officielle !... (*elle part rapidement, comme électrisée*) Kiss...

Karine, *s'effondre dans le fauteuil* : - Mais c'est énorme !... Pourquoi ça tombe sur elle, tout ce bonheur...
Karine regarde autour d'elle, triste et désespérée, au bord des larmes.

Karine : - Même du whisky ! Peu importe ce qu'il y a je vais goûter. (*en souriant*) Comme dit mon frère : l'alcool éloigne de nous trois grands maux : la peur, la douleur et la lucidité... Si j'ose l'ouvrir ce bar. J'aurai l'air très distinguée si une alarme se déclenche. Pique-assiettes !... Sarah la folle qui part rejoindre Théo !... et je n'aurais même pas un souvenir à raconter à ma petite. Allez ! De toute manière, si le conseiller s'amène, je lui répondrai "*Sarah est partie en me criant sers-toi un verre*", elle est quand même pote avec le ministre !

Karine se lève, va au bar, l'ouvre, sourit, sort un verre, une bouteille, se sert un verre...

Karine : - Quand même mieux que du whisky !... Mes gammas vont monter, ma prise de sang sera mauvaise mais peu importe !

Karine a bu trois petites gorgées, quand entre Fanny.

Fanny : - A ta santé, Karine !
Karine : - Oups ! Fanny ! Si tu savais !
Karine va vers elle....

Karine : - Ah Fanny ! On ne s'est jamais vues mais il faut que l'on s'embrasse. J'en ai à te raconter !

Fanny : - Bonjour Karine (*elles s'embrassent*).
Karine : - Si tu savais !
Fanny : - J'ai croisé Sarah... Elle m'a crié "*Miss Karine va te raconter.*"
Karine : - Miss, miss… c'est plutôt elle la miss, mystique et mystérieuse, la miss toc, la miss toquée.
Fanny : - Mystérieuse ?
Karine : - C'est énorme ! Enorme !.. Tu l'avais déjà rencontrée ou croisée, Sarah ?
Fanny : - Je la connaissais... comme je te connais...
Karine : - D'abord je te sers un verre, tu en auras besoin ! (*elle va vers le bar, en sort un verre*) Tu prends comme moi ?
Fanny : - Ça ne m'a pas l'air d'être du jus de tomates bio !
Karine : - C'est un bar ! Tu es vraiment végétarienne et tout ?
Fanny : - Et tout !
Karine : - Oh, du jus d'ananas... Je t'ouvre la bouteille ?
Fanny : - Si tu en as l'autorisation.
Karine : - Sarah était pote avec le ministre... enfin hier soir... (*elle ouvre la bouteille et sert Fanny*) car depuis... alors maintenant ?... Enorme, je te disais.
Fanny : - Je t'écoute.
Karine : - D'abord c'est ce téléphone qui a sonné. J'ai décroché et un conseiller m'a appris qu'il n'y aurait pas de remise de médaille, me laissant sous-entendre un événement gravissime à la tête de l'Etat. Et qu'en tant que proches de Théo, quitter discrètement ce ministère serait préférable.
Fanny : - Quelque chose de grave ?
Karine : - Ce n'est pas fini ! Deux minutes plus tard, c'était au tour du téléphone de Sarah de sonner. Elle a eu beau se mettre à l'écart et parler tout doucement, j'ai bien compris.

Et les propos de Théo, car c'était lui qui l'appelait, ce scélérat, Sarah me les a résumés.

Fanny, *en souriant* : - Scélérat !

Karine : - Oui, scélérat. Théo et madame la première dame de France étaient sur le point de prendre l'avion pour New York... Elle quittait l'Elysée et Théo faisait à Sarah le coup du « *on vit ensemble ou je pars avec elle.* » Car Sarah, depuis quelques semaines, je te l'apprends aussi, coule des jours heureux avec Théo.

Fanny : - Il part pour New York ?

Karine : - Je crois surtout que c'était pour convaincre Sarah de vivre avec lui ! Tu l'aurais entendue : "*Théo... tu sais bien... On en a parlé... Je viendrai parfois... C'était merveilleux mais tu sais que ma vie est là-bas... Tu sais que ça me fait mal...*" Comme elle me faisait souffrir sans s'en apercevoir ! Et puis tout d'un coup, elle le connaît quand même bien, tu sais ce qu'elle lui balance ?

Fanny, *très troublée :* - Je t'écoute.

Karine : - "*Sa femme et toi vous jouez... Stop Théo, je ne joue plus ! Tu viens de t'isoler pour me dire « soit on vit ensemble soit je pars à New York avec elle » et pendant ce temps-là, elle téléphone à son mari pour lui dire « soit tu acceptes je ne sais pas quoi, soit je pars à New York avec lui »... Vous êtes deux grands enfants, Théo...* " Tu te rends compte Fanny !

Fanny : - Je vois. Moi aussi, il m'avait joué un coup comme ça, en fait c'est sa manière un peu particulière de vérifier nos sentiments, voir ce qu'elle a dans le ventre. Pour savoir s'il doit continuer ou tirer un trait. Mais là il a fait fort !

Karine : - Tu te rends compte, il a déclenché une affaire d'Etat juste pour lui dire qu'il m'aime, qu'il l'aime ! Oh le

lapsus ! Le pire c'est qu'avant de raccrocher, elle lui a susurré, je l'aurais giflée, elle lui a susurré "*Je t'Aime.*"
Fanny : - Ce n'est pas surprenant !

Le téléphone de Karine sonne.

Karine, *décroche :* - Oui ma puce... Je t'avais demandé de ne pas m'appeler, je te raconterai tout... Non, ce n'est pas encore commencé... Je suis avec Fanny, je te raconterai... Allez, je t'embrasse ma puce...

Karine : - C'était ma fille. Je ne pouvais quand même pas lui raconter un truc pareil !

Fanny : - Juliette, toujours amoureuse de Théo !
Karine : - Elle n'a que 17 ans ! Qui t'a dit qu'elle serait amoureuse de Théo ?
Fanny : - Mon petit doigt !
Karine : - Elle ne l'a rencontré qu'une fois, au salon du livre...
Fanny : - Théo fait de sa vie un roman. Je lui ai toujours reproché d'être trop sentimental, d'avoir tort de croire en l'Amour, de se laisser emporter par l'idéalisation, d'encore croire au couple.
Karine : - Tu ne crois qu'au sexe ?
Fanny : - Mais non, avec Théo on avait trouvé un équilibre, on fait l'Amour en plein don de soi. J'ai rarement atteint avec un homme un tel degré de confiance réciproque et d'abandon de soi.
Karine : - Tu veux dire que toi aussi avec Théo...
Fanny : - Mais il a fallu la construire, cette vraie relation. Quand on s'est retrouvés sur le net, comme tu le sais ça, on s'est d'abord échangés un mail de temps en temps puis c'est devenu plus fréquent. Je suis venue le voir. Et même si tu crois que c'est purement sexuel car nous avons fait l'amour sur le parking de l'aéroport, ce n'est pas le cas.

Karine : - Décidément, Théo et les aéroports...
Fanny : - Tu sais qu'à 20 ans, lui et moi on était restés une heure nos bouches à pas plus d'un jet de sarbacane comme chantait l'autre, et qu'on ne s'était pas embrassés (*en souriant*) à l'aéroport de Lille-Lesquin.
Karine : - Tu l'aimes encore ?
Fanny : - Bien sûr.
Karine : - Alors, ça te fait mal qu'il envisage ainsi de former un couple avec Sarah.
Fanny : - Pour moi, non, ça ne change rien, finalement. C'est pour lui que ça me fait mal.
Karine, *avec un méchant petit sourire* : - Tu en es certaine ?
Fanny : - Parfaitement.
Karine : - Tu n'as pas l'impression qu'il a toujours cherché en toi cette ressemblance extraordinaire que tu as avec Sarah ?
Fanny : - On ne se ressemble pas.
Karine, *souriant* : - Elle est rousse et toi brune mais c'est la même morphologie, presque le même visage.
Fanny : - C'est un peu comme de prétendre tous les chinois ou tous les africains se ressemblent.
Karine : - Donc cette histoire entre Sarah et Théo ne te cause aucune émotion...
Fanny : - Pour moi, ça ne change rien, j'irai le voir quand je voudrai et plutôt que de faire l'amour à deux on le fera peut-être à trois, ce qui sera au moins aussi agréable.
Karine : - Oh ! Tu...
Fanny : - Pourquoi, pas toi ?
Karine : - Oh ! Comment peux-tu m'imaginer... J'aime les hommes...
Fanny : - Vous ne comprenez rien avec vos "*j'aime*."
Karine : - Soit pas irritée. J'ai autant de raisons que toi

d'être blessée. Je pensais pourtant que son invitation était une manière de renouer.

Fanny : - Maintenant que tu le croyais vivant dans le grand luxe !

Karine : - Tu es vraiment irritée.

Fanny : - Tu sais, il l'a apprise par les journaux, ton invitation par le ministère.

Karine : - C'est ta version et... (*son téléphone sonne de nouveau, elle le prend, regarde le numéro*) tiens, qui cela peut-il bien être ? (*décrochant*) Karine, oui j'écoute... Monsieur le président (*elle part dans le même coin que le fit Sarah quelques instants plus tôt*)... Oui monsieur le président... Vous avez raison monsieur le président... Je pense effectivement que vous n'auriez jamais dû lui proposer cet honneur... vous savez (*très joyeuse*), je suis votre fidèle soutien... La fidélité est aussi pour moi le fondement de toute relation... La capacité de s'engager à long terme ne doit pas être présente dans toutes les âmes... Oui, Dieu en a voulu ainsi pour voir comment nous allions réagir... Oh ! Mais bien sûr monsieur le Président... Je vous attends monsieur le Président... (*elle raccroche et silence*)

Karine : - Waouh ! Devine ce qu'il m'arrive.

Fanny : - Je ne suis pas voyante.

Karine : - Tu n'as rien entendu ?

Fanny : - Je n'ai pas pour habitude d'écouter les conversations... mais j'ai saisi quelques mots quand tu semblais enthousiaste et surtout qu'ils revenaient souvent.

Karine : - Le président de la République m'invite en week-end.

Fanny, *en souriant* : - A Venise ? Ou Disneyland ?

Karine, *très fière* : - Au fort de Briançon ! Tu te rends

compte, la demeure des Présidents. Tu te rends compte ! S'il me proposait de devenir première dame de France ?
Fanny : - Un président peut être célibataire.
Karine : - Pas en France ! (*son téléphone sonne de nouveau, elle le regarde, à Fanny :*) Ma fille.

Rideau

Acte 3

Karine et Fanny. Suite.

Karine, *au téléphone :* - Mon Amour... Comment je te fais honte ?... Oui, j'ai une merveilleuse nouvelle à t'annoncer... Mais comment le saurais-tu ?... Et pourquoi te ferais-je honte ? (*à Fanny :*) Je n'y comprends rien ! Ah les enfants ! (*à sa fille :*) Je disais à Fanny... Tu connais Fanny !... Quoi l'amante de Théo ! Qui t'a raconté cela ?... Comment ?... Que je lui passe le bonjour ?... (*à Fanny :*) Tu as le bonjour de ma fille. Vous vous connaissez ?
Fanny, *souriante et un peu gênée* : - On s'est croisées... je crois... (*plus fort :*) Bonjour ma grande. (*se met la main à la bouche comme si elle en avait déjà trop dit*)
Karine : - Tu ne m'avais pas signalé connaître Fanny... Comment ! Excuse-toi ma fille ! (à *Fanny :*) Je ne lui avais pas dit qu'elle a la mère la plus conne du monde. Fanny, tu te rends compte ce qu'elle ose balancer à sa mère !... (*Fanny hausse les épaules d'impuissance*) Bon, alors, on reprend calmement : tu veux parler à Fanny ?... Comment, que je lui avoue que ça te manque ? Mais qu'est-ce que tu racontes, tu as fumé ? Ma fille est folle. Si tu ne t'excuses pas immédiatement, tu es privée de sorties jusqu'en fin d'année... Comment, tu t'en fous, maintenant que Théo part à New York... (*Fanny sent venir le drame et se tord les cheveux de la main droite*) Comment, je suis vraiment conne ! Alors vas-y, dis-moi tout... Oui je te laisse parler sans t'interrompre et sans crier... Non je n'ai pas bu, tu sais bien que je ne bois jamais... Vas-y... Comment ? Tu es l'amante de Théo ! (*Karine tombe dans le canapé... à Fanny :*) Ma fille de 17 ans est l'amante de Théo, 45.

Fanny : - C'est de son âge !
Karine : - Quoi c'est de son âge ? J'ai embrassé mon premier homme à 20 ans et ce fut mon futur mari, le père de ma fille chérie... (*au téléphone*) Non je ne t'ai pas interrompue, je racontais à Fanny... et je suppose que Fanny était au courant... (*à Fanny :*) Tu savais Fanny ?
Fanny : - Forcément !
Karine : - Forcément ! (*au téléphone :*) Forcément ! Qu'elle me répond Fanny, et elle n'a rien fait pour vous en empêcher... Comment c'est votre vie et ça ne me regarde pas ! Tu es mineure... Mais si je t'écoute, vas-y... Bien : je passe le week-end au fort de Briançon... Pas Brias ma fille, Briançon, la demeure historique des présidents de la République... Mais comment le saurais-tu ? (à *Fanny :*) Ma fille voudrait que je devine comment elle sait que je pars pour le fort de Briançon... (*au téléphone :*) Une dépêche AFP ?... Oui, il faudra appeler ton cher père pour qu'il te prenne ce week-end... (*A Fanny :*) Elle me demande comment elle sait ?
Fanny : - Réponds-lui qu'elle peut passer le week-end avec moi.
Karine, *au téléphone* : - Tu peux passer le week-end avec Fanny... Oui je te le promets... Oui, quoiqu'il arrive... Pourquoi me demandes-tu de jurer ? Oui, bien sûr la sortie au musée est annulée... forcément... Oui je te le promets... Oui, devant Fanny, elle est là à côté de moi... Oui, sur la tête de mamie... Voilà, ça te va... Je sais bien que tu as deux portables mais je ne vois pas le rapport... (*A Fanny :*) Théo ne part plus à New York, ils viennent de l'annoncer sur censures.tv (*au téléphone :*) Oui je t'écoute mon amour, mais je voulais que Fanny sache qu'on parle de tout ça sur le net et que tu suis tout en direct... (*Karine pâlit, retient ses larmes*) Comment ? Non... Ce n'est pas

possible... Oh ! non... Oui j'ai promis, fais ce que tu veux... Ce n'est vraiment pas ma journée... Pardon ma fille de m'être mise en colère... Tu me pardonnes ?... Tu sais, il n'y a que toi qui comptes dans ma vie... Je t'embrasse ma fille... Je t'aime ma Juliette... Comment ?... et sa femme est revenue, ce ne serait qu'une mise en scène pour annoncer le prochain album de madame la première dame avec des paroles de Théo... C'est bien ce que tu viens de me dire, mon Amour... (*de plus en plus abattue*) Fanny, tu veux bien me pincer.
Fanny, *perplexe, s'approche :* - Voilà.

Karine : - Merci Fanny. (*au téléphone :*) Fanny vient de me pincer, ce n'est malheureusement pas un cauchemar. Ma fille demande à quelle heure tu passes la prendre.
Fanny : - 18 heures.
Karine, *au téléphone* : - Lui dire quoi ? Te prendre, quoi tu en mouilles d'envie ? (*Fanny se cache les yeux de la main droite*) Ah c'est à comprendre au sens figuré... Oui ma fille, il faut prendre soin de ta pauvre mère, je suis une vieille femme... Je crois bien avoir pris 20 ans aujourd'hui... oui j'attends... Un rebondissement ?... Tu en es certaine ?... Tu n'as que 17 ans ma fille, ce n'est pas grave... à ce soir ma fille, je t'aime... (*elle raccroche*)
Karine : - Ce n'était pas le Président de la République mais un imitateur. Je suis passée en direct sur censures.tv, la célèbre TV sans censure que ma fille suivait sur son deuxième portable.
Fanny : - Pauvre pitchounette !
Karine : - Tu veux dire, d'avoir une mère comme moi.
Fanny : - Ses copines vont lui en faire voir. On est cruelle, quand on a dix-sept ans.
Karine : - Et mes parents, qu'est-ce qu'ils vont encore penser de moi ?

Fanny : - Déjà qu'ils...
Karine : - Oui, m'avaient traitée de... quand j'ai quitté mon mari...
Fanny : - Pauvre Karine !
Karine : - On venait juste de se réconcilier, avec mes parents. Et le président a retrouvé sa femme et tout s'est terminé par le champagne à l'Elysée. Avec Théo arrivant main dans la main avec sa nouvelle compagne... Tu as deviné qui ?...
Fanny : - Hé oui !
Karine : - Et ils vont se marier, oui, Théo et Sarah !
Fanny : - Se marier ! Mais comme moi il a toujours considéré cette institution stupide, bourgeoise, misogyne.
Karine : - Ils vont se marier, ma puce en avait des larmes dans la voix. Cette Sarah l'a déclaré aux micros qui se tendaient à leur arrivée à l'Elysée.
Fanny : - L'Amour est plus fort que tout.
Karine : - Ça dépend pour qui.

Rideau – FIN

Pour deux comédiennes :

Deuxième pièce, courte.

Des vies après l'étape mannequin

Pièce éducative en un acte court

Que vivre quand on fut un mannequin vedette ? On est qui, on est quoi à quarante ans ? Ce que l'on a voulu ? L'aisance et la notoriété sont des buts ou des moyens ?

Deux personnages :
Une brune et une blonde, la quarantaine resplendissante, ex-mannequins, conversent. Rencontre fortuite ou rendez-vous ? Pièce meublée avec soin et goût qui peut être le salon d'un hôtel ou un salon officiel.

Ma première lectrice a osé demander si ces personnages étaient une projection de Carla B et Claudia S !

Acte 1

La blonde : - ...Tu sais qu'il mettait la principauté à mes pieds. Et son père était d'accord.
La brune : - Je t'avais encouragée à refuser. On connaissait son passé. Tu en aurais souffert, de ses besoins... sentimentaux. Mais quand même, aujourd'hui que je suis première dame, quelle rencontre au sommet ça aurait donné !
La blonde : - Je t'avoue avoir été surprise de ton accord. Surtout en repensant à la manière dont tu méprisais ce milieu.
La brune : - A cette époque, première dame, jamais je ne l'aurais imaginé. Même compagne de ministre. Seuls m'intéressaient les acteurs et les rochers... oh le lapsus !... les rockers !
La blonde : - Alors, pourquoi ? Comment s'est déroulée ta métamorphose mentale ?
La brune : - C'est une évolution finalement logique : les rockers et les acteurs sont de perpétuels inquiets. Ils te rendent la vie impossible. Ils pensent tous détenir l'originalité la plus exceptionnelle. Ils ne sont qu'adolescents attardés, assez ridicules même. On s'en lasse ! Toi aussi tu t'en es lassée !
La blonde : - Très rapidement même !
La brune : - Alors que les politiques ont une force, ils savent entraîner. Même à moins de 20% d'opinion favorable dans les sondages, ils restent persuadés d'être l'homme qu'il faut à ce pays. Ils m'épatent !
La blonde : - Et c'est ce qui te plaît ?
La brune : - A notre âge, nous avons fait le tour des hommes. On ne nous bluffe plus avec quelques belles

phrases et des diamants de dix carats. On regarde de haut ces dragueurs d'aéroports et réceptions, on les laisse aux petites donzelles déstabilisées par trois galanteries et de vagues promesses.
La blonde : - Le syndrome Ariane de *Belle du Seigneur* !
La brune : - J'ignorais que cela porta ce nom ! Je le replacerais ! Les rêveurs en public, on sait comment ils se comportent en privé, passés les premiers jours d'euphorie de leur nouvelle conquête. J'avais besoin d'un homme sur lequel m'appuyer, m'appuyer vraiment.
La blonde : - Tu semblais heureuse, pourtant, avec ton philosophe.
La brune : - Oui… Je l'ai été… Mais il me manquait quelque chose… le public je crois. Avant lui je m'étais enfermées 24 heures, volets fermés et portable éteint, et j'avais pris ma décision : ce serait un philosophe ou un politique. Mais j'avais encore besoin d'un vrai public. Donc ensuite ce fut une décision évidente. Sa proposition est vraiment tombée à pic.
La blonde : - Tu en as quand même été surprise et flattée ?
La brune : - Naturellement, sa proposition n'est pas venue par hasard ! Les hommes sont de grands enfants : ils pensent toujours qu'on leur dit oui alors que c'est nous qui les avons choisis.
La blonde : - Donc la version officielle est légèrement différente de la réalité ?
La brune : - Comme toujours !
La blonde : - Raconte !
La brune : - Il m'a invitée au restaurant quand un ami discret et efficace le lui a suggéré. Je ne t'en dirai pas plus… il te suffit de regarder les récentes nominations pour deviner le nom de ce cher ami.

La blonde : - Je t'avoue avoir imaginé un scénario de ce genre quand la nouvelle m'est parvenue par canal ex-mannequins !
La brune : - Ça reste entre nous, naturellement. Le peuple a besoin d'une version officielle où le souverain est souverain même en amour !
La blonde : - Et maintenant ?
La brune : - Je souhaite vieillir au côté de mon mari.
La blonde : - Vraiment !
La brune : - Parfaitement ! Et toi ?
La blonde : - Je souhaite vieillir au côté de mon mari.
La brune : - C'est vrai !?
La blonde : - Bin oui, je suis bien comme jamais.
La brune : - Ça me fait plaisir de le savoir, je te pensais déprimée, on ne te voit plus dans les médias.
La blonde : - Pourquoi me montrerais-je ?
La brune : - Ça ne te manque pas, la montée d'adrénaline, les unes, sentir les vibrations, les désirs ?
La blonde : - C'est peut-être là, notre grande différence...
La brune : - Là, où ?
La blonde : - Tu es née riche et moi pauvre, même si je ne manquais de rien.
La brune : - Et alors ?
La blonde : - Je suis devenue mannequin quand on me l'a proposé. Puis j'ai vu que ça me permettait de m'en sortir, d'avoir une autre vie, plus intéressante que la banale à laquelle je semblais condamnée en naissant loin de tout.
La brune : - Alors que moi, je dois rester la fille de riches à laquelle on a tout donné.
La blonde : - Toi, ce fut un choix. Et tu avais une famille pour t'encadrer, alors que j'ai dû me blinder.
La brune : - Tu réécris la lutte des classes ?

La blonde : - Les philosophes, plutôt que de les prendre à mon bras, je les ai préférés dans ma tête.
La brune : - Tu veux être désagréable ? Moi aussi j'ai lu.
La blonde : - Je sais. Mais pour moi ce fut vital. Toute ma carrière, j'étais sur la corde raide. Si j'étais tombée, il n'y aurait eu personne pour me soutenir et me laisser un peu de repos sur un lit douillet.
La brune : - Tu crois que tout fut facile pour moi ?
La blonde : - C'est difficile pour tout le monde. Mais tu vois bien qu'à 40 ans, nous n'avons plus du tout les mêmes envies.
La brune : - Mais si : finir notre vie avec l'homme qui nous plaît.
La blonde : - Mais tu avais besoin d'un homme qui te maintienne dans la lumière alors que je cherchais l'ombre, pour aller au cœur des choses.
La brune : - Je ne suis pas d'accord avec toi. J'aime être première dame du pays mais un mandat me suffirait amplement. Nous avons d'autres choses à faire ensuite.
La blonde : - Mais oui : une fondation mondiale, des conférences, un tour du monde avec naturellement des escales humanitaires… et un jour il sera candidat à la présidence de l'Europe, monsieur ton mari.
La brune : - Ne va pas lui souffler cela ! Il pourrait y penser plus souvent qu'en se rasant !
La blonde : - Tu sais, ce n'est pas une critique, c'est juste un constat : nous ne recherchons plus les mêmes choses et je vois que tu as trouvé ce que tu cherchais, c'est bien, et tu es resplendissante.
La brune : - Merci… toi aussi… pourtant je crois que nous cherchons à peu près la même chose, comme à vingt-cinq ans : à ne pas nous ennuyer, à bouger pour oublier que l'on va mourir, même nous.

La blonde : - Je l'ai cherché. Mais je suis ailleurs. J'ai compris… qu'on nous donne la vie à une condition : il faudra la quitter.
La brune : - Et ça ne te scandalise plus ?
La blonde : - Avoir peur de mourir, c'est refuser la vie telle qu'elle est.
La brune : - Tu es devenue croyante ?
La blonde : - Je ne me pose pas la question ! Qu'un Dieu existe ou non, ça ne me concerne pas ! Même en suivant tous les raisonnements, j'en suis arrivée à comprendre que soit la mort sera la fin totale, donc il me faut vivre la vie au présent, ou soit quelque chose survivra, et alors il faut vivre la vie au présent car même les religieux ne prétendent pas que le corps survive. Dans cet hypothétique autrement, il sera toujours temps d'y penser, si ça arrive !
La brune : - Mais vivre pour préparer son au-delà ?
La blonde : - Je ne me pose pas de questions auxquelles je ne peux pas répondre.
La brune : - Tu sais, la mort de mes proches reste ma plus grande blessure.
La blonde : - J'ai aussi ces blessures. Mais elles ne saignent plus. J'ai accepté notre condition humaine.
La brune : - Tu étudies alors.
La blonde : - Oui, la philosophie antique m'a beaucoup éclairée, même au sujet des religions. J'ai observé comment elles sont nées.
La brune : - Tu as beaucoup changé.
La blonde : - Merci.
La brune : - Tu ne crois pas que beaucoup changer, c'est se renier.
La blonde : - Il ne faut pas s'excuser de s'être trompé. Nous naissons dans l'ignorance et devons apprendre. Cela ne se fait pas sans erreur.

La brune : - Pourquoi tu n'animes pas des shows philosophiques, tu ferais un buzz énorme !

La blonde : - La philosophie, ce n'est pas montrer que l'on philosophe, c'est philosopher vraiment, donc vivre en phase avec ses pensées.

La brune : - Tu m'excuseras, j'ai une obligation. Il faudra qu'on approfondisse le sujet. J'ai vraiment été très heureuse de te revoir.

La blonde : - Moi aussi et embrasse ton mari.

La brune : - Toi aussi.

Elles se lèvent, s'embrassent et sortent par les portes opposées.

Rideau – FIN

Pour trois comédiennes :

Trois femmes et une médaille retrouvée

Comédie en trois actes

Histoire très proche de la première pièce pour deux comédiennes :

Fanny, Anne et Karine ont un point commun : elles ont connu amoureusement l'écrivain, auteur de chansons, auteur pour le théâtre Théo avant sa célébrité et il a utilisé leurs histoires dans ses textes.
Il doit recevoir, des mains du président de la République, la médaille des arts et des lettres. Les trois muses ont été invitées et se retrouvent dans un salon d'attente du ministère de la Culture.

Trois personnages :

Fanny, 43 ans
Anne 40 ans
Karine 45 ans.

Acte 1

Scène 1

Une discussion très amicale entre Fanny et Anne, installées dans de confortables fauteuils. Elles sont habillées d'une manière décontractée et même cool.

Fanny : - Tu vois, si j'étais restée dans le bouddhisme, je n'aurais jamais découvert le rebirth.
Anne : - Mais tu n'as pas l'impression que le rebirth n'est qu'une variante de principes bouddhistes, un remake à la sauce occidentale ?
Fanny : - La respiration consciente, c'est bien autre chose que le zen.
Anne: - Pour l'instant, tout ce que tu m'as expliqué, j'ai l'impression de termes différents pour la même chose. Mais il est vrai que derrière la notion de zen on met tout et n'importe quoi ici.
Fanny : Peut-être que pour toi, qui vis au cœur du bouddhisme, tu retrouves des similitudes mais ce que j'ai connu ici était très superficiel.
Anne : - Entre Lille et Dharamsala, on peut comprendre que la vie soit différente, donc les motivations aussi.

Entre Karine, très pomponnée.

Karine : - Oh ! Bonjour mesdames... je crois qu'on se connaît de vue sans jamais s'être rencontrées.

Anne et Fanny se lèvent. Karine s'approche.

Fanny : - Bonjour chère Karine (*elles s'embrassent*).
Karine : - Bonjour Fanny.
Anne : Bonjour Karine (*elles s'embrassent*).
Karine : - Bonjour Anne.
Fanny : - Alors, tu es venue !

Karine : - Même s'il a prétendu dans les médias avoir ignoré mon invitation, je crois qu'il souhaite que l'on se reparle (*Anne sourit et Karine s'en aperçoit*). Ce n'est pas ton avis ?

Anne : Si tu es venue avec l'intention de lui parler, tu lui parleras sûrement.

Karine : - C'est bizarre, j'ai l'impression de vous connaître... Théo a tellement mis de nos vies dans ses romans et pièces de théâtre.

Fanny : - C'est toujours surprenant, la manière dont il traduit les choses. Tu te reconnais, toi, Anne, dans ton personnage ?

Anne : Tu sais bien que mon personnage est un peu spécial, il m'a quand même crue morte durant ses vingt premiers livres. On s'est amusés, encore cette nuit, à relire certains des passages me concernant. Et c'est sûrement la force du roman de parfois tomber juste.

Karine : - Tu... tu veux dire que tu étais avec Théo cette nuit ?

Anne, *en souriant* : Depuis quelques semaines nous sommes assez proches.

Karine : - Tu veux dire que c'est la grande histoire d'Amour jadis et naguère fantasmée, celle que vous auriez vécue s'il ne t'avait pas crue morte ?

Anne : Non... c'est sûrement... Théo m'avait bien conseillé une extrême prudence face aux questions des journalistes, c'est un bon entraînement... c'est sûrement une conséquence de mon incapacité à mentir depuis ma sortie du brouillard. On s'était promis « c'est notre secret »... il sait que je repars, il sait que ma vie est là-bas et que la sienne est ici, enfin, en Occident.

Karine : - Je ne crois pourtant pas s'il soit un homme occidental classique.

Anne : Tu veux dire ?
Karine : - Quand je l'ai vraiment connu, il vivait quand même comme un... sauvage. Oui, il faut dire le mot, dans un de ces taudis. Si vous aviez connu sa maison ! Quand j'ai vu les photos des journalistes qui t'ont retrouvée, dans ton abri à même le sol, ça m'a fait penser que vous devriez bien vous entendre, sur ce point-là.
Anne : Les conditions matérielles n'ont rien à voir là dedans.

Silence

Fanny : - Ça t'avait vraiment choqué alors !
Karine : Pour une fois, il n'a pas exagéré. Il était même en dessous de la vérité. J'avais eu un haut le cœur, une envie de fuir. Je m'étais déjà interrogée en lisant sa pièce de théâtre où il décrivait l'arrivée d'un jeune couple dans un bordel monstre, je redoutais que le décor soit du vécu... Mais là... Comment peut-on vivre ainsi ?
Fanny : - On vit partout.
Karine, *à Anne :* - Tu vis vraiment comme sur les photos parue dans les journaux ?
Anne : Au village, là-bas, oui, comme tout le monde. Quand tu as des responsabilités, même simplement de Lama, quand tu montres la voie, tu ne vas pas vivre autrement que le reste de la population. Personne n'en aurait envie.
Karine : - Mais pourquoi tu ne restes pas en France alors ? Tu pourrais y enseigner. En plus tu as la nationalité française. Et Théo maintenant a les moyens de t'offrir une maison décente.
Anne : - Théo ne m'a pas proposé de maison ! Il sait. Comme il sait que je reviendrai parfois.
Karine : - Et tu crois qu'il ira te voir ?
Anne : - Il en a naturellement l'envie. Mais même venir à

Paris, pour lui, c'est le bout du monde. Il a trouvé son équilibre dans le Quercy. Comme je l'ai trouvé là bas, comme Fanny à Madrid, je crois.

Fanny : - Madrid, je ne sais pas si c'est un endroit aussi important que les vôtres. J'y vis depuis vingt ans, j'y ai un appartement mais, tu sais, je ne peux jamais y rester plus de deux ou trois ans consécutivement. Y'a eu l'Asie, y'a eu l'Afrique... c'est peut-être que je n'ai pas encore trouvé ce point d'équilibre. Ou que l'endroit où je vis n'est pas Essentiel pour moi. Mais c'est vrai que Théo s'y sent bien dans ce Quercy.

Karine, à Anne : - Tu y es allée ?... pour voir...

Anne : - Juste six jours.

Fanny : - Et ça doit toujours être le bordel monstre qui a tant effrayé Karine !

Anne : - C'est bien. Tu aimes bien y vivre aussi, d'après Théo.

Fanny : - Il t'a raconté !

Anne : - Ça ne me choque pas que vous preniez du plaisir si vous en avez l'envie.

Karine : - Ah car toi et Théo aussi !

Fanny : - Tu l'apprendras sûrement dans l'un de ses prochains livres, mais, pour nous, ce n'est qu'une manière d'avancer dans la connaissance du Tantra.

Karine : - Tu crois au Tantra ?

Fanny : - L'amour Tantra consiste à irriguer le cerveau puis l'ensemble du corps avec la jouissance sexuelle.

Karine : - Si un jour je croise un homme dont le but n'est pas d'éjaculer, je me pencherai sur le sujet.

Fanny : - Tu en as croisé un mais tu... (*en souriant*)

Karine : - Ce n'est pas parce que ma vie sexuelle a été jetée en pâture, qu'il faut ne retenir que cela, et de toute manière j'assume, je refuse certaines choses. Donc le pays

croit que je suis la seule de nous trois à avoir fait l'amour avec lui… et je suis uniquement la seule à l'avoir aimé avant qu'il soit connu.
Fanny, *en souriant* : - Tu peux résumer ainsi ! Tu prépares un livre de souvenirs ?
Karine : - Ne te moque pas de moi… Anne… puisque nous sommes entre nous… Tu as vraiment eu le sida ?
Anne : - Tu prépares vraiment un livre !
Karine : - Non mais j'ai du mal à croire qu'on puisse en guérir.
Anne : - On ne guérit pas du sida. Un jour peut-être il existera un médicament ou même mieux un vaccin… j'aide la recherche quand c'est possible, je suis à son service. Parfois un être réussit, en puisant en lui des forces qu'il ne pouvait pas imaginer avoir. Les scientifiques n'ont rien décelé en moi pouvant expliquer ce qui s'est passé. Le virus était là, plusieurs prises de sang l'ont confirmé et je me sentais vraiment très mal, au bout du rouleau, quand je suis partie.
Karine : - Et avec quoi t'ont-ils sauvée ?
Anne : - De la compassion. Des plantes aussi. Toutes ont depuis été analysées par les scientifiques, sans résultat.
Karine : - Un miracle !
Anne : - J'étais à l'agonie et aujourd'hui, il reste uniquement des anticorps. Ce qui prouve qu'il y a bien eu. Mais ces anticorps malheureusement n'aident pas la recherche.
Karine : - Et pourtant tu ne crois toujours pas en Dieu, le miséricordieux !
Anne : - Je crois en la force de l'esprit. Je crois au présent. Je n'ai pas d'explications sur tout et ça me convient de vivre dans cette incertitude.

Karine : - Pourtant, ce n'était pas un hasard si dans ton état tu es partie en Asie, tu as ressenti un appel.

Anne, *souriant avec une certaine tristesse* : - L'appel… comme tous les junkies te le diront, l'appel de la dope pour trois fois rien et pas coupée, y'a pas de quoi mythifier mon histoire, tu sais. J'étais une jeune paumée qui a cru pouvoir se shooter juste pour le fun. Et naturellement j'ai plongé comme les autres. Déstabilisée, submergée et coulée en quelques semaines. On croit souvent pouvoir jouer avec le feu sans se brûler.

Karine : - Et tu es vraiment sortie de la drogue ?

Anne, *en souriant* : - Une ex-junkie est toujours une junkie !

Karine : - On dit que l'on ne s'en sort jamais des drogues dures.

Anne : - Disons donc simplement, que je ne consomme plus depuis lors et que je n'en ai plus l'envie.

Karine : - Avec Théo… vous allez avoir un enfant ?

Anne : - Le bouddhisme, même pour un Lama, n'exige pas d'abstinence sexuelle ! Je ne sais pas si c'est une conséquence de ce qui m'est arrivé ou si ce fut toujours ainsi… comme le sujet t'intéresse… je n'ai pas pris de pilule du lendemain… mais il serait étonnant qu'à mon âge mon corps se décide pour la première fois à fabriquer un enfant.

Karine : - Je peux te poser la même question, Fanny ?

Fanny : - Je crois vraiment que tu veux écrire quelque chose, toi ! C'est un sujet qui fait vendre, maintenant, nos vies ! J'ai un stérilet, donc jamais de pilule du lendemain !

Karine : - Je crois qu'elle me suivra toute ma vie, cette pilule du lendemain du 24 décembre.

Fanny : - Je n'ai jamais voulu d'enfant. Je ne suis pas sur terre pour me sacrifier mais pour atteindre la plénitude. (*en souriant à Anne :*) Je veux bien te donner un ovule fécondable si ça t'intéresse mais je n'irai pas plus loin.

Anne : - Si on cherche une mère porteuse, on fera appel à toi !

Fanny : - Je te donne l'ovule et tu te débrouilles ! Je veux bien qu'il me la féconde mais tu m'imagines arrêté neuf mois avec une présence à l'intérieur, et garder les stigmates dans mon corps.

Anne : - Je comprends tes réticences.

Karine : - Vous n'êtes pas des femmes ! Porter les enfants, les élever, c'est notre rôle donné par Dieu.

Le téléphone de Karine sonne.

Karine, *décroche :* - Oui ma puce... Je t'avais demandé de ne pas m'appeler, je te raconterai tout... Non, ce n'est pas encore commencé... Non, ni lui ni le Président... Je suis avec Fanny et Anne, nous parlons de notre sujet préféré... Allez, je t'embrasse ma puce...

Karine : - C'était ma fille.

Fanny : - Juliette, toujours amoureuse de Théo !

Karine : - Elle n'a que 17 ans ! Qui t'a dit qu'elle serait amoureuse de Théo ?

Fanny : - Mon petit doigt !

Karine : - Elle ne l'a rencontré qu'une fois, au salon du livre...

Le téléphone de la pièce sonne.

Karine : - Décidément, c'est la minute des téléphones. Vous croyez qu'on doit décrocher ? Fanny, c'est toi la plus près !

Rideau

Acte 2

Les mêmes.

Fanny, *décrochant* : - Oui... Ah bon !... Donc tout ce qui était prévu s'arrête !... C'est une manière de nous signifier de quitter les lieux ?... Pourriez-vous nous en dire plus ?... Merci d'avoir pris la peine de nous prévenir, monsieur le conseiller... Nous vous souhaitons aussi une agréable journée... si possible. (*elle raccroche*)
Karine : - Alors, si j'ai bien compris, ça nous concerne toutes...
Fanny : - Il n'y aura pas de remise de médaille.
Anne, *en souriant* : - Finalement il la refuse ?
Karine : - Tu le savais ?
Anne : - Nous avions évoqué cette possibilité. Mais il trouvait préférable d'accepter en expliquant pourquoi plutôt que de refuser en expliquant pourquoi... Nous n'étions pas d'accord.
Karine : - Alors il la refuse !
Fanny : - Et il s'est passé quelque chose de grave à la tête de l'Etat.
Anne : - C'est-à-dire ?
Fanny : - Nous l'apprendrons par les médias mais mieux vaut, en tant que proches de Théo, que nous quittions discrètement ce ministère... C'est ce qu'il m'a conseillé, monsieur le conseiller.
Anne : - Quelle connerie il a bien pu faire ?
Karine : - Tu crois qu'il a fait une connerie ?

Le portable d'Anne sonne. Elle le prend et à la manière dont elle regarde le numéro qui s'affiche, en se mettant à l'écart, on comprend qu'il s'agit de Théo.

Anne, *à voix basse mais audible* : - Amour... Oui, on vient juste d'être prévenues... Le conseiller a informé Fanny qu'il s'est passé un truc grave mais on n'en sait pas plus... Quoi !? (*elle porte sa main gauche à la tête... le plus discrètement possible Karine s'approche*) Théo... tu sais bien... On en a parlé... Je viendrai parfois... Tu viendras aussi... Théo, je ne choisis pas entre ces deux choix... Nous savons ce qui est possible et ce qui ne l'est pas... Ce fut merveilleux mais tu sais que ma vie... Tu sais que ça me fait mal... Théo... Elle et toi vous jouez... Stop Théo, je ne joue pas ! Tu viens de t'isoler pour me proposer « *soit on vit ensemble soit je pars à New York avec elle* » et pendant ce temps-là, tu crois pas qu'elle téléphone au président pour lui balancer « *soit tu acceptes je ne sais pas quoi, soit je pars à New York avec lui* »... Vous êtes deux grands enfants, Théo... Déjà hier soir, ses moqueries sur son mari n'étaient pas toujours de meilleur goût, même sous le masque de la chansonnette... Un peu immatures... Je te connais quand même... Mais tu te rends compte : tu as déclenché une affaire d'Etat juste pour me dire que tu m'Aimes plus que tout... Théo, je sais pas... je ne sais plus... Si tu avais voulu te faire un coup de pub gigantesque, tu n'aurais pas trouvé mieux ! Les téléphones portables ont dû bien fonctionner ! Je suppose que tu dois déjà tourner en boucle sur le net, arrivant main dans la main avec la première dame de France... Je ne sais pas moi... C'est toi le romancier !... Racontez que vous allez réaliser un album ensemble, vous preniez des photos pour la pochette !... Oui, j'arrive mais ça ne veut pas dire OUI pour tout... Je t'Aime... (*Anne raccroche*)

Anne, *regardant Fanny et Karine* : - Je vous laisse... Je ne sais pas si vous avez entendu... Je vous résume, qu'au moins ce ne soit pas les médias qui le fassent : Théo et madame la première dame de France étaient sur le point de prendre l'avion pour New York... Elle quittait donc l'Elysée et Théo me fait le coup du « *on vit ensemble ou je pars avec elle.* »

Karine : - Et tu vas donc le rejoindre ?

Anne : - Nous allons parler... Tu vois, une femme bouddhiste peut aussi être emportée par ses sentiments... Allez... les médias vous raconteront une version officielle... (*elle part rapidement, comme électrisée*) Kiss les filles...

Karine : - Mais c'est énorme, tu te rends compte Fanny !

Fanny : - Théo fait de sa vie un roman. Je lui ai toujours reproché d'être trop sentimental, qu'il a tort de croire en l'Amour, de se laisser emporter par l'idéalisation, d'encore croire au couple.

Karine : - Tu ne crois qu'au sexe ?

Fanny : - Mais non, avec Théo on a trouvé un équilibre, on fait l'Amour en plein don de soi. J'ai rarement atteint avec un homme un tel degré de confiance réciproque et d'abandon de soi. Mais il a fallu la construire, cette relation. Quand on s'est retrouvés sur le net, comme tu le sais ça, on s'est d'abord échangé un mail de temps en temps puis c'est devenu plus fréquent. Je suis venue le voir. Et même si tu crois que c'est purement sexuel, car nous avons fait l'amour sur le parking de l'aéroport, ce n'est pas le cas. Tu sais qu'à 20 ans, lui et moi on était restés une heure nos bouches à pas plus qu'un jet de sarbacane comme chantait l'autre, et qu'on ne s'était pas embrassés.

Karine : - Tu l'aimes ?

Fanny : - Bien sûr.

Karine : - Alors, ça te fait mal qu'il envisage ainsi de former un couple avec Anne.

Fanny : - Pour moi, non, ça ne change rien, finalement. C'est pour lui que ça me fait mal.
Karine, *avec un méchant petit sourire* : - Tu es certaine ?
Fanny : - Pour moi, ça ne change rien, j'irai le voir quand je voudrai et plutôt que de faire l'amour à deux on le fera peut-être à trois, ce qui sera au moins aussi agréable.
Karine : - Oh ! Tu...
Fanny : - Pourquoi, pas toi ?
Karine : - Oh ! Comment peux-tu m'imaginer ! J'aime les hommes...
Fanny : - Vous n'y comprenez rien avec vos "j'aime."
Karine : - Soit pas désagréable. J'ai autant de raisons que toi d'être blessée. Je pensais pourtant que s'il m'avait invitée c'était une manière de renouer.
Fanny : - Maintenant que tu le croyais vivant dans le grand luxe !
Karine : - Tu es vraiment irritée.
Fanny : - Tu sais, il l'a apprise par les journaux, ton invitation par le ministère.
Karine : - C'est ta version et... (*son téléphone sonne, elle le prend, regarde le numéro*) tiens, qui ça peut bien être ? (*décrochant*) Karine, oui j'écoute... Monsieur le président (*elle part dans le même coin que le fit Anne quelques instants plus tôt*)... Oui monsieur le président... Vous avez raison monsieur le président... Je pense effectivement que vous n'auriez jamais dû lui proposer cet honneur... vous savez (*très joyeuse*) que je suis votre fidèle soutien... La fidélité est aussi pour moi le fondement de toute relation... La capacité de s'engager à long terme ne doit pas être présente dans toutes les âmes... Oui, Dieu en a voulu ainsi pour voir comment nous allons réagir... Oh ! Mais bien sûr monsieur le Président... Je vous attends monsieur le Président... (*elle raccroche tout*

sourire, dans un rêve ; Fanny l'observe simplement ; silence)

Karine, *soudain* : - Waouh ! Devine ce qu'il m'arrive.
Fanny : - Je ne suis pas voyante.
Karine : - Tu n'as rien entendu ?
Fanny : - Je n'ai pas pour habitude d'écouter les conversations... mais j'ai saisi quelques mots quand tu semblais enthousiaste et surtout qu'ils revenaient souvent.
Karine : - Le président de la République m'invite en week-end.
Fanny, *en souriant* : - A Venise ? Ou Disney Land ?
Karine, *très fière :* - Au fort de Briançon ! Tu te rends compte, la demeure des Présidents. Tu te rends compte ! S'il me proposait de devenir première dame de France ?
Fanny : - Un président peut rester célibataire.
Karine : - Pas en France ! (*son téléphone sonne de nouveau, elle le regarde, à Fanny :*) Ma fille.

Rideau

Acte 3 identique à celui de la pièce avec deux comédiennes : Fanny et Karine sur scène.

Pour quatre comédiennes :

Quatre femmes attendent la star

Comédie contemporaine en trois actes

Le sujet : trois femmes lauréates d'un concours leur offrant vingt-quatre heures avec leur idole, le chanteur Frédéric K, dans son village du sud-ouest.
Secrétaire de l'association organisatrice, Odette, un peu gaffeuse même à jeun, les accueille.
Arrivées programmées à la file indienne. Mais l'idole est en retard... et finalement ne viendra pas. Les quatre femmes passeront donc la soirée ensemble, dressant un portrait peu flatteur de l'idole, du show-biz et de leur vie.
Une pièce qui fait rire et réfléchir.

Le décor : une belle salle de réception mais d'un style kitch avec une table longue ornée de nombreuses fleurs, un bureau, des chaises, un canapé garni de coussins multicolores ornés des initiales « FK », trois portes (celle d'entrée, une vers une autre salle, une vers les toilettes), des fenêtres, une guitare sèche suspendue au mur (au-dessus du canapé).

Les personnages :

Odette : hôtesse d'accueil, la quarantaine.

Les lauréates, par ordre d'arrivée programmé :
Alice, Brigitte, Carla (ne viendra pas), Diane : la trentaine, distinguées, resplendissantes, vêtues avec goût, se présentent avec un petit bagage.

Frédéric K est un chanteur moustachu et vieillissant, la soixantaine, ne viendra pas.

Acte 1

Odette seule dans la salle de réception. Elle marche de long en large, tout en regardant sa montre, inquiète.

Odette, *en arpentant la scène :* - Je ne marche pas par nécessité. Mais ça me calme ! Calme-toi Odette, puisque tu marches ! Tu agis parfaitement pour recouvrer ton légendaire calme. Respire ! (*elle respire profondément*) Oui, avec le ventre, c'est bien... Zen... (*elle continue en silence à marcher, inspirer et expirer profondément*) La première va arriver... Elle va sonner, j'en suis certaine... Tout va encore foirer et ça va retomber sur qui ? Sur ma tronche comme d'habitude... Je ne me suis quand même pas trompée de jour ? (*elle prend une chemise sur le bureau, l'ouvre...*) Ce serait une belle histoire à raconter ! (*elle sourit*) Odette panique mais elle s'était emmêlée les puceaux (*se frappe la tête*) (*précision de l'auteur : ce lapsus peut être retiré lors de certaines représentations, comme d'autres lapsus, si jugés incompatibles avec le public*), les pinceaux, les dates quoi !... Non, c'est bien aujourd'hui... L'arnaqueur de fleuriste a livré ce matin, donc c'est le jour J !... J comme Jouissons ! Et la première va arriver. (*silence*) Mais qu'est-ce qu'il veut se prouver ! Il a tout : l'argent, la gloire, sept résidences secondaires, trois hôtels, deux Porsche, une Ferrari, un jet forcément privé, un aéroport forcément privé, un 4x4, des vignes, des terres en Afrique, des panneaux solaires, des amantes, des autruches, des bisons, des enfants. Comme elles sont belles ses filles ! Pauvres petites filles riches, va ! Comme ça doit être invivable, fille de star !... Génial et invivable !... Pratique, génial, inespéré. Mais invivable après quatorze ans !... Le fou ! Tout ça à cause de quelques rides ! Qu'est-ce qu'il croyait ! Un jour même la chirurgie esthétique ne peut plus rien ! Et de l'autre, qui s'amuse, avec ses parodies. Quel impertinent ! Mais comme c'est drôle ! (*elle éclate de rire*) Après tout, je m'en fous si tout foire. Pierre qui roule n'amasse pas mousse ! (*elle lance la chemise sur le bureau ; peu importe si elle n'atteint pas sa cible*) Odette philosophe, parfaitement. (*elle se vautre dans le canapé*) Si j'étais star, sûrement que moi aussi j'aurais des caprices de star. (*de sa main droite elle mime un éventail*) Mais pas quatre !

On Sonne

Odette : - Oh peuchère ! Enfin ! Il a fini de se maquiller ! Oh ! Les lumières !...

Elle se lève, se précipite sur les interrupteurs – après quelques essais transforme la pièce, qui devient très intimiste – et fonce vers la porte, s'arrête, souffle, ouvre, s'apprête à sauter au cou de son idole... (salariée de « l'association », elle reste très fan) C'est Alice... Odette s'arrête net.

Alice, *surprise* : - Je suis la première ? Suis-je un peu trop en avance ?

Odette, *se reprenant* : - Entrez, entrez, Alice.

Alice : - Comme vous connaissez mon prénom, je suis à la bonne porte ! (*elle observe le décor, qu'elle doit juger très intimiste*).

Odette : - Entrez, entrez, Alice. Frédérico devrait être là, il a... un léger retard.

Alice : - Ah, je comprends, c'est lui que vous vous apprêtiez à accueillir d'une manière aussi fougueuse ! Forcément !

Odette : - Mais non, mais non... J'ai glissé.

Alice, *en souriant* : - Et je suis la première ?

Odette : - Naturellement... ce qui signifie : vous pouvez le constater.

Odette referme la porte.

Alice : - Oh ! La première guitare !

Odette : - C'est même pas vrai !... (*se reprenant*) Oui, la première guitare de Frédérico (*comme si elle récitait*) sur laquelle, seul dans son jardin, à l'ombre des figuiers, il a composé ses premiers succès.

Alice : - Oh ! Comme c'est touchant de la voir en vrai.

Odette : - Je vais le rappeler... (*elle sort son portable d'une poche et appelle ; à Alice :*) C'est toujours son répondeur. C'est le répondeur depuis une heure. Je l'ai bien déjà appelé dix-sept fois (*elle range son portable*).

Alice : - J'espère qu'il ne lui est rien arrivé de grave ! Ce serait trop bête ! J'ai tellement rêvé de cet instant ! Rencontrer Frédéric ! Pouvoir lui parler comme je vous parle...

Odette : - Parler, parler, ce n'est pas son fort, au Frédéric !

Alice : - Pourtant, à la télé, il a toujours l'air tellement à l'aise, et si calme, si souriant...

Odette : - Avec un prompteur, tout le monde serait comme lui ! (*face au regard interloqué d'Alice, Odette réalise qu'elle s'exprime devant une lauréate*) Je plaisante ! Nous sommes dans le sud-ouest ici, nous avons la galéjade facile.

Alice : - Je croyais que la galéjade se pratiquait uniquement du côté de Marseille.

Odette : - Naturellement... ce qui signifie : ici gasconnades.

Alice : - Gasconnade, Gascogne, Gascon, c'est donc vrai : le caractère des Gascons était très haut en couleur ? C'était

bien au temps de la langue d'Oc ? Après l'empire romain ?

Odette : - Je suis là pour vous accueillir, l'office de tourisme c'est à côté… Je vous le susurre sans m'énerver : la Garonne nous irrigue, donc nous avons la plaisanterie naturelle. Comme vous débarquez de Paris, vous ne comprendrez pas toujours !

Alice : - Je suis de Châteauroux.

Odette : - Je le sais parfaitement, 27 ter rue Romanette Boutou. Mais pour nous, au-dessus de Brive-la-Gaillarde, on grelotte, c'est le pôle Nord.

Alice : - C'est une gasconnade ?

Odette : - Vous comprenez vite… J'allais ajouter pour une parisienne ! Je vous bouscule un peu, c'est juste pour noyer mon anxiété ! Je noie mon anxiété dans la Garonne ! Je vous l'avoue sans chinois, sans chichis même : je ne comprends pas pourquoi Frédéric n'est pas à ma place et moi derrière la caméra.

Alice : - La caméra ?

Odette : - Euh… Oui pour vous offrir la cassette de votre rencontre.

Alice : - Ah ! Forcément ! Quelle délicatesse !… Comme c'est touchant. Et vous travaillez depuis longtemps avec Frédéric ?… Je me permets cette familiarité du prénom… sur son courrier si poétique, il notait : « *Appelez-moi Frédéric quand nous aurons la chance d'enfin croiser nos regards.* »

Odette : - C'est plus intime. Frédéric avec un F comme Féerique ! Forcément Frédéric ! Toujours mieux que son prénom de naissance ! Les parents sont parfois fous !

Alice : - Comment ? Frédéric est un pseudonyme ?

Odette : - Qui vous a induite dans cette erreur ?

Alice : - Vous !... Pourtant j'ai lu toutes ses biographies et pas une ne signale un pseudonyme.

Odette : - Il faudra vous y habituer ! Ici on cause avec des images.

Alice : - La terre du grand poète, forcément.

Odette : - Comme recopient les journalistes !

Alice : - Comme je suis heureuse d'être ici ! Devant la porte, je me demandais si l'idole de ma vie allait m'ouvrir. Comme j'aurais été intimidée !

Odette : - Il doit encore traîner des moustaches dans le bureau. Tu veux que je les mette ?

Alice : - C'est une gasconnade ?

Odette : - On est dans le show-biz ici, après cinq minutes on se tutoie, après sept on s'embrasse sur la bouche.

Alice se recule.

Odette : - C'est une des célèbres répliques de notre poète bancal ! Local ! Les aphorismes du moustachu ! Il devrait être là, nous voguons à vue, nous sommes en totale improvisation. Je sens venir le paranormal ! Et je n'aime pas ça ! (*elle ressort de sa poche son portable et le rappelle*). Toujours la boîte vocale. « Frédéric, la première lauréate est impatiente de te voir en chair en muscles et en os. Et plus si affinités » (*elle pose son portable sur la table*).

Alice : - Encore une gasconnade !

Odette : - Déformation professionnelle !

On sonne.

Alice : - Oh !

Odette : - Ne rêvez pas, je n'ai pas refermé à clé ! Quand il est en retard, avant de sonner, Frédéric tourne toujours la poignée pour entrer discrètement, avec son petit air

d'enfant de chœur pris en faute avec le verre de vin blanc de monsieur le curé aux lèvres et les joues qui rougissent !

Alice : - Ah !

Odette : - Ma mère l'a vu enfant de chœur, c'était en... (*se reprenant*) Je vous parie que c'est Brigitte, 42 rue Pasteur, une de vos co-lauréates.

Alice : - Vous êtes voyante ?

Odette : - Les gasconnades de Châteauroux, c'est comme les gaillardises de Brive, ou pire : comme un Frédéric sans moustache.

Odette va à la porte, ouvre.

Odette : - Bonjour Brigitte.

Brigitte : - Je suis en avance... Je serais venue à pied pour voir Frédéric...

Odette : - Y'a pas de quoi !... Euh, je vous comprends.

Odette referme.

Alice : - J'en suis certaine : vous n'habitez pas Valenciennes !

Brigitte : - Je pensais être la première en arrivant en avance...

Odette : - Je m'occupe des présentations, Alice, première arrivée.

Brigitte : - Enchantée.

Alice : - En chansons... Je m'entraîne... Nous sommes au pays des gasconnades !

Odette : - Et la gasconnadière en chef, Odette, chargée par le maître d'improviser quand la pendule ne tourne pas rond.

Brigitte : - Et c'est le cas ?

Odette : - La centrale nucléaire détraque nos pendules.

Alice, *à Brigitte* : - C'est un message codé ; Odette,

pourriez-vous traduire ? Nous n'avons pas grandi dans l'ombre du maître.
Odette : - Je répète une dernière fois : Frédéric devrait être là…
Alice : - Et il est ailleurs !
Brigitte : - Et personne ne connaît cet ailleurs ?
Odette : - Qui sait avec lui !
Brigitte : - Oh ! La première guitare ! (*elle s'approche du canapé*)

   On sonne !

Odette : - Je n'ai pas refermé à clé !
Alice : - Si ce n'est lui, c'est donc une autre.
Brigitte : - Et pourquoi donc, ne serait-ce pas lui ?
Odette : - Transmettez le savoir Alice, je suis postière, portière !
Alice : - Parce que Frédéric appuie toujours sur la poignée avant de sonner depuis qu'il a été surpris par Odette à boire le vin rouge de monsieur le curé, et Odette enferme les bouteilles à clé…
Odette : - Mais tu mélanges tout !
Alice : - Je crois que cette histoire me perturbe de plus en plus !
Brigitte : - Je n'ai rien compris. Vous êtes surréaliste tendance André Breton ?
Alice : - Je suis réaliste tendance *Psychologies Magazine*. Avec même un peu de Prozac quand ça chauffe trop.

   Odette ouvre.

Odette, *en ouvrant* : - Encore, déjà ! Mais vous êtes toutes en avance !

   Entre Diane.

Diane : - Enfin arrivée !

Odette : - Mais oui, bonjour Diane.

Diane : - Bonjour...

Odette : - Odette, Odette avec un O et quelques dettes... Rassurez-vous, j'ai une éponge qui les récure !... Les absorbe ! L'argent coule tellement à flots dans son ruisseau.

Toutes la regardent sans comprendre.

Odette : - J'ai une relation qui les éponge, un chanteur à sucer... succès, si vous ne comprenez pas les raccourcis. Diane qui arrive avant Carla, décidément tout part de travers.

Alice : - Les chemins de travers.

Odette, *en les montrant* : - Je te présente Alice et Brigitte, fait comme chez toi petite princesse, Frédéric devrait être là mais j'ignore où il est... Demande des informations, raconte ton voyage, des blagues, montrez-vous les photos de vos enfants, vos vacances, vos amants, Odette est débordée, déboussolée, déprimée et Alice, au lieu de m'aider, mélange tout. Elle aurait dû s'appeler Zélie ! Je n'en peux plus ! (*Odette prend dans une de ses poches une pilule, hésite*) C'est un cas de force majeure, sinon je vais péter un plomb ! (*elle l'avale*) Ha ! Je me sens déjà mieux ! Cool ! Le show-biz a quand même de bons côtés ! Défonce majeure !

Alice et Brigitte l'observent avec désapprobation, tandis que Diane pose son sac dans un coin sans y prêter attention.

Diane : - Oh ! La première guitare...

Odette *plane, pour elle* : - Peace and Love ! Champagne !... Mais ça ne dure jamais, je sais, je suis lucide même dans mon aéroplane blindé. J'en ai trop ingurgitées. Une vie de défonce ou une vie où l'on s'enfonce jusqu'au cou dans le fossé ? Même si j'avais eu le choix, si Frédéric ne m'avait pas embarquée dans son délire, j'aurais choisi le soleil artificiel (*le regard de plus en plus vague*). Comment peuvent-elles supporter la grisaille ? Je vous pardonne, vous ne pouvez pas comprendre, vous ne devez jamais savoir...

Diane, *en se retournant et les observant rapidement* : - Nous avons toutes le même signe distinctif, ce bracelet en argent ! Quand je l'ai découvert dans la lettre il m'a causé une émotion digne d'un premier amour, ou d'une Momina draguée à l'aéroport du Caire par un notable de l'union européenne... (*toutes la regardent, Diane gênée*) Oui, le bracelet en argent (*elle soulève le bras pour montrer son bracelet*)

> *Toutes soulèvent leur main gauche pour montrer leur bracelet et rient. Odette a le même et rit encore plus fort. Elle soulève le bord de son pantalon droit pour montrer qu'elle en a un aussi à la cheville.*

Brigitte : - Moi, quand je l'ai vu, j'ai failli m'évanouir.
Alice : - Au pays des gasconnades, tu aurais dû t'exclamer « *Trois heures furent nécessaires aux pompiers pour me réanimer...* » Oui, je te tutoie, j'ai retenu la première leçon d'Odette « *Après cinq minutes, on se tutoie...* »
Odette, *qui plane* : - Tutoyez-vous, aimez-vous les unes les autres. Et adoptez des enfants si... si je chante faux ! (*en pouffant de rire*)
Diane : - Donc on se tutoie, ça ne me dérange pas, puisque nous sommes dans le même bateau (*Odette, sans l'interrompre :* « *bureau pas bateau* »), que nous avons toutes eu l'heureuse surprise de recevoir une lettre, elle

m'est arrivée le même jour que le mail de Momina m'annonçant quelque chose de désagréable à m'apprendre. Désagréable, je ne m'étais pas inquiétée, elle m'écrivait toujours *mon Amour*.

Brigitte : - Momina, c'est un pseudo du web branché ?

Diane : - Momina est un prénom fréquent en Afrique du nord, elle était l'amante du cynique et manipulateur Carlo, elle était son passe-temps gratuit, tandis que je l'attendais en toute confiance, d'un Amour absolu... enfin je ne vais pas vous raconter ma vie !

Alice, *pour elle* : - L'une plane, l'autre vide son sac sentimental (*en se passant la main droite dans les cheveux*), je devrais peut-être aller attendre Frédéric dehors.

Diane : - Avec tant d'avance, je croyais arriver la première... ou nous n'avons pas toutes été invitées à la même heure ?

Odette : - Waouh ! En plus intelligente, la princesse ! Grande capacité de déductions, je note !

Diane : - Merci !

Odette, *qui plane toujours* : - Délicatesse de Frédéric. A chacune un accueil personnalisé, arrivées programmées avec un intervalle régulier...

Brigitte : - Personnalisé ?

Odette, *moins planante* : - Mais en plus de Frédéric, maintenant il manque Carla ! L'ordre d'arrivée n'a pas été respecté, c'est la chienlit ! Général ! Réveille-toi, ils sont devenus fous !

Diane : - Et le programme ? Quel est le programme ? L'incertitude c'était bien avant, on pouvait tout imaginer. Mais maintenant que nous sommes arrivées...

Odette : - Programme ! Le programme ! Mais Odette n'a qu'un rôle secondaire ! Je suis une simple salariée qui se

mettra en grève un jour ! Tout reposait sur Frédéric et vous, ravissantes lauréates !
Brigitte : - Il devait nous apprendre à écrire une chanson ?
Odette : - Apprendre à écrire une chanson ! J'aurai tout entendu dans l'ombre du boss ! J'ai pas dit du bossu ! Si je la retiens, je l'écrirai celle-là ! Dans mes mémoires. Les mémoires d'Odette ! « *Mémoires honnêtes mais pas nettes d'Odette.* » Sous-titré « *Frédéric frétillant.* » J'ai déposé le titre à la Bibliothèque Nationale. Bref ! Il y a deux écoles : dans la première, les artistes se réunissent, picolent et griffonnent leurs divagations, et selon l'autre école, les solitaires s'enferment dans leur chambrette et attendent l'inspiration... c'est-à-dire qu'ils picolent en âmes solitaires, en poètes maudits !
Brigitte : - J'ai essayé d'écrire des chansons... Mais on me répondait toujours que c'étaient des poèmes.
Alice : - Si j'ai bien suivi, la différence entre une chanson et un poème, c'est le degré d'alcool dans le sang durant l'écriture.
Brigitte : - Tu crois qu'il m'aurait suffi de quelques verres de Malibu pour devenir auteur de chansons ?
Alice : - Il n'est peut-être pas trop tard !
Brigitte : - J'ai apporté un petit poème, je ne sais pas si j'oserai le montrer. Mon rêve c'était qu'il le chante dans son prochain album... Mais à présent que je sais qu'une chanson et un poème ça n'a rien à voir...
Odette : - Lâche-toi ma grande, qu'on te répondrait dans le métier... Lâchez prise ! Zen ma fille ! J'ai tout ce qu'il te faut à la cave ! Pour tous les prix, pour tous les stress... J'en ai même des caisses, des brouettes, des bonbonnes, des bonbons et même de l'écorce de platane, (*en souriant*) c'est terrible, c'était pas naturel, mon parachute s'est refermé.

Alice : - Boire ou ne pas boire, telle est la chanson !

Brigitte : - Non, pas des chansons à boire, de belles chansons romantiques comme Frédéric.

Diane : - Moi aussi j'ai essayé, d'en écrire des chansons, ou des poèmes, quand Momina est retournée un mois à Addis-Abeba. *Le plaisir de trahir*, ça s'appelait. J'avais même un refrain et trois couplets, comme dans une chanson classique :

T'avais l'temps de t'enfuir
Mais t'as voulu vivre le plaisir de trahir
Déstabilisée submergée
Tu t'es laissée consommer
Il t'a touchée partout
Dans tous les... sens du terme
Tu m'as traînée dans la boue
T'avais envie de son sperme

Le plaisir de trahir
D'ailleurs jouir
Y'a pas que les mecs
Y 'a pas que dans les romans de Michel Houellebecq

On sonne !

Odette, *soudain totalement dégrisée* : - J'espère que c'est elle ! Que nous retrouvions un peu d'ordre !

Elle va ouvrir.

Odette : - Oh non ! (*elle referme la porte brusquement, s'appuie contre elle, en hurlant « venez m'aider, des blousons noirs » et referme à clé en poussant un très long « oufff » puis après quelques secondes :*) Des blousons noirs, c'est pas le public de Frédérico, des fous, je les reconnais, ils ont des regards de dingues et pas d'appareil photo.

Alice, *s'effondre dans le canapé, pour elle* : - J'avais rêvé d'autre chose ! A la télé, c'est toujours tellement féerique le show-biz ! Un orchestre avec cordes, un serveur aux gants blancs, caviar, champagne... Et ça n'a rien à voir avec mes rêves.

Brigitte : - Mais où peut bien être passé Frédéric ?

Alice, *en souriant, pour elle mais entendue de toutes* : - S'il avait été garagiste, on aurait pu imaginer qu'il a été appelé pour une urgence.

Brigitte : - Vous trouvez pas qu'on n'y voit rien dans cette pièce ?

Odette, *en détachant fortement chaque syllabe* : - In-ti-mis-te !

Diane : - Ça va Odette ?

Odette : - J'imite le maîîîîîîîîître.

Brigitte : - Oh la rime ! On se croirait chez Racine !

Le portable d'Odette sonne. Toutes sursautent.

Odette : - Quand on parle du poète on entend sa... on entend sa ?

Brigitte : - Sonnette !

Odette : - Bien Bri... gette ! Il est le seul à connaître ce numéro, il m'a remis ce nouveau portable hier... Je vous raconterai...

Odette, *en décrochant* : - Frédéric ! (...) Bonjour madame (...) Ce n'est pas grave j'espère (...) Mais je fais quoi ? (...) Et demain matin, avec les journalistes et le président du Conseil Régional ? (...) Bien madame.

Odette range son portable. Toutes la fixent.

Odette : - C'était sa vénérable et hystérique, historique, épouse. Frédéric ne pourra pas venir ce soir.

Un « oh » de déception générale.

Odette : - Il y a bien une version officielle. Mais bon, je vous l'épargne. Comme si quelqu'un va croire une version officielle de madame.
Alice : - Les journalistes !
Odette : - Tu as tout compris !... Tu n'aurais pas un pied dans le show-biz ?
Alice : - Même pas un ongle.
Odette : - Un oncle te serait plus utile qu'un ongle... Mais Frédéric sera là demain matin pour la photo souvenir et les télévions de caméras... les camés de tes visions... caméras de télévision.
Diane : - On pourra au moins lui parler ? Momina est fan de son romantisme gnangnan. Je voudrais bien lui ramener une dédicace du genre « Pour Momina la traître et son salaud de Carlo, qu'elle sache enfin qu'être attendue six mois c'est du vrai romantisme alors qu'être invitée et complimentée au restaurant n'est qu'une manipulation de connard en rut. »
Odette : - Rassurez-vous, il vous accordera l'intégralité du dimanche.
Alice : - Il faut retarder notre départ ?
Brigitte : - Mais moi je ne peux pas, mon train est à 10 heures 25. Quel drame !
Odette : - Une bonne nouvelle : j'ai l'autorisation de remonter de la cave sacrée quelques bouteilles de floc.
Diane : - Du floc ?
Odette : - L'apéritif local. La renommée du sud-ouest. Personne ne connaît le floc ?
Brigitte : - Mais si au fait ! J'en ai bu une fois en vacances... Mais il ne faut pas exagérer, sinon on se met vite à dire et faire n'importe quoi !

Odette : - Floc et cacahouètes, ça promet les fillettes !
Parole d'Odette !

Rideau

Acte 2

Nombreuses bouteilles de floc vides sur la table. Les femmes assises. Lumière normale. Beuverie.

Régulièrement, jusqu'à la fin de la pièce, fuseront des exclamations, des paroles inaudibles (couvertes par la voix principale).

Odette : - Quand Odette boit, Odette dit n'importe quoi ! Ça c'est leur version officielle dans le plus charmant des villages du sud-ouest, comme ils bavent à la télé quand Frédéric est l'invité d'honneur.

Alice : - Pas tant d'honneurs que ça si j'ai bien tout suivi.

Odette : - Quand Odette boit, c'est comme si des portes à l'intérieur s'ouvraient. Je ne suis plus Odette secrétaire modèle (*toutes rient*). Odette secrétaire modèle condamne Odette cancanière. Et vice versa !

Alice : - Cancanière, j'y crois pas ! Tu ne nous as même pas expliqué comment un tirage au sort pouvait sélectionner quatre jeunes femmes pimpantes et presque équilibrées quand des millions de francophones ont envoyé leur plus belle photo et leur classement des plus belles chansons du millénaire.

Odette : - C'est même pas son idée à lui ! C'était avant, du temps où il présidait une autre association, où il dirigeait « Woodstock du Sud-Ouest » ! C'est le coordinateur de cette grande usine à subventions qui lui a refilé l'idée. (*Odette se tait et devient sombre*)

Brigitte, *doucement* : - L'idée...

Odette : - Parce que Frédéric en avait marre : à chaque fois qu'une gamine lui ouvrait sa porte, il devait promettre de la prendre comme choriste, ou en première partie d'un

concert. Je dis une gamine, parce qu'il les sélectionnait 18-25 ans, sur photo naturellement !
Alice : - Forcément !
Odette : - Jamais moins de 18 ans, c'était une règle écrite dans le platane.
Alice : - Le marbre !
Odette : - T'es pas du sud-ouest, toi ! Ici, c'est le platane ou la pierre. Mais la pierre, ça casse la lame du couteau ! 18 ans, j'ai dit ! J'étais stricte là-dessus. Y'a bien eu une exception, mais la chanteuse avait falsifié sa carte d'identité, dans ce cas-là, on assume.
Alice : - Elle voulait simplement chanter !
Odette : - Quand on fraude, on assume ! Elle assumait la brunette ! Waouh ! Si elle réussit, elle pourra écrire un best-seller « *ma méthode pour percer.* »
Diane : - On a compris. Pas besoin d'un livre, une phrase suffit. Momina pourrait lui donner des conseils.
Odette : - S'il le faut, j'irai la tête haute en prison ! Bref… J'étais stricte là-dessus, 18 ans. Si l'Etat autorise 15, pour moi, pas de problème, mais l'Etat a dit, donc Odette est stricte. La loi, c'est la loi. Ou alors faut être prudent, depuis qu'avoir un nom ne protège même plus des petits juges ! Je voulais pas retrouver Frédéric traité comme un vulgaire… Comme un vulgaire… En Asie, le « french singer » fait ce qu'il veut, Odette ne va jamais en Asie. Décalage horaire, pas bon. Sauf au Québec, Québec presque France, cousins, on ne va pas nous reprocher de combattre le froid par la fusion ! Mais en France, non, je ne veux pas devenir complice. En Asie, si tu veux, mais pas ici, Odette a des principes, Odette honnête, sinon Odette démissionne !… Et réclame une augmentation pour revenir !…

Brigitte, *doucement* : - Qu'il la prendrait comme choriste…

Odette : - Alors ça créait un tas d'embrouilles, parce que Frédéric, il a remplacé les choristes par des synthétiseurs.

Alice : - Forcément !

Odette : - Vous voulez savoir pourquoi ?

Alice : - Forcément !

Odette : - Personne ne devine ?

Diane : - C'est jamais en retard ? Pas comme les africaines !

Brigitte : - C'est moins lourd !

Odette : - Madame a décrété, « *ça coûte moins cher* », alors monsieur a cédé. Madame en avait marre des ragots et madame est jalouse. Mais moi ça ne me gênait pas qu'on prenne toutes et tous la même chambre ! Pour une fois qu'on faisait des économies ! Elle n'est jamais contente ! Nous étions jeunes ! Et jeunesse a beaucoup de tendresses les soirs de concerts.

Diane : - Ça j'en suis certaine, ce n'est pas écrit dans sa biographie, n'est-ce pas Alice ! D'ailleurs la vérité personne ne l'écrit, c'est comme cette histoire entre Carlo le salaud et Momina. Africaine aussi a besoin de beaucoup tendresses quand elle passe trois mois en Ethiopie loin de son Amour.

Alice : - Forcément !

Diane : - Non pas forcément ! Quand on t'embrasse en murmurant « *tout va bien se passer* », on ne se lance pas dans la danse du vagin à l'aéroport.

Alice : - Je répondais à Odette !

Odette : - Et pour ses premières parties, en ce temps-là, il trouvait toujours des fils ou des filles à papa prêts à lui refiler de l'oseille pour obtenir l'immense honneur de figurer sur la même affiche. L'oseille c'est une image. Madame tient les cordons de la bourse. La bourse du ménage et la bourse des voyages.

Alice : - T'exagères ! Il a la main sur le cœur !

Odette : - Mais le moteur de sa vie est ailleurs.

Alice : - T'exagères ! J'ai déjà entendu une chanteuse enthousiaste, elle jurait que faire la première partie de Frédéric, c'est extra, il donne des super conseils.

Odette : - Sûrement une qui avait ses raisons de parler ainsi ! Elle pourra écrire un livre aussi !

Diane : - Mais j'ai rien compris à ton histoire. Tu devais nous expliquer pourquoi nous sommes là !

Odette : - J'y viens, j'y viens, mais sans l'historique, tu vas rien piger ma vieille.

Diane : - Je pourrais être ta fille !

Odette : - Sois pas désagréable !

Alice : - Forcément !

Odette : - Odette comprend tout ! Tout !

Brigitte, *doucement* : - Frédéric…

Odette : - Oui, Frédérico était encore un chanteur à disques d'or en ce temps-là.

Brigitte : - Il l'est encore ! J'ai lu dans…

Odette : - Si vous m'interrompez à chaque fois, les portes vont se refermer.

Toutes : - On t'écoute !

Odette : - C'est Jef, (*elle se signe*) paix à son âme s'il en avait une, ce vieux roudoudou ! C'est lui qui lui a soufflé « *Tu devrais sélectionner des fans plutôt que des chanteuses.* » (*elle sourit*)

Diane : - Alors ? On voudrait rire aussi !

Odette : - Les fans sont encore plus connes que les chanteuses.

Brigitte : - Ça ne nous fait pas rire.

Odette : - Qu'il a répondu Frédéric.

Alice : - Le con !

Odette : - C'est notre Frédéric adoré, qui a répondu « *les fans sont encore plus connes que les chanteuses.* » Je vous rassure, il me considère moins secrétaire que fan.

Alice : - Tu ne lui as jamais mis trois claques ?

Odette : - Il les a eues... (*Odette devient sombre*) Mais rien, là vous ne saurez rien, vous ne saurez rien de ma vie privée. C'est entre lui et moi, cette histoire, c'est ma vie privée (*proche de pleurer, silence*). Sa première guitare, vous pouvez regarder le mur, vous ne la verrez pas !... Je la lui ai fracassée sur la tête. Celle-là, c'est même pas la deuxième. La deuxième, c'est sa femme qui s'en est chargée. Tête à guitares qu'on l'a appelé pendant des mois ! Il l'avait bien mérité.

Alice : - Le con !

Odette, *se reprenant* : - Mais c'était y'a si longtemps ! Ha ! J'avais quinze ans ! Ha ! J'étais si jeune et si naïve. Y'a contraception (*troublée*), conscription, prescription. Il lui reste une cicatrice sur la tête. J'ai frappé plus fort que sa femme. Il n'avait pas encore de moumoute !

Alice : - Quoi, Frédéric est chauve ! Il a une perruque !

Odette : - Les portes vont se refermer !

Brigitte : - Frédéric a dit...

Odette : - Et l'année dernière, à l'enterrement de Jef, il m'a bredouillé. Il avait la larme à l'œil... Je suis certaine qu'il avait coupé des oignons avant ! C'est bien son style !

Alice : - Forcément !

Diane : - Forcément ! On dirait Momina et son « D'accord » ! D'accord à tout, tu m'appelles princesse je te crois, alors d'accord serre-moi dans tes bras, embrasse-moi à l'italienne, tu m'appelles mon amie, d'accord, et tu deviens mon amimour. Viens t'allonger dans mon lit, c'est plus agréable pour parler ! D'accord ! Ne dis rien à Diane, elle ne pourrait pas comprendre que tu es fidèle à l'Amour en vivant notre belle histoire. D'accord ! Salauds d'humains, va ! Donner sa confiance c'est donner le couteau pour être poignardé dans le dos. Excusez-moi, je vais pas bien, je crois. Continue Odette...

Brigitte : - L'enterrement...

Odette : - Il m'a bredouillé : « *c'est con, tu vois, j'ai pas eu le temps, pas eu le temps de lui dire que son idée de sélectionner des fans plutôt que de la chair à sacem, son idée, à lui, à lui qui ne sera plus là pour me couvrir devant ma femme, son idée géniale, j'en ai touché trois mots au président du Conseil Régional, il nous subventionne, forcément ! Tu te rends compte, il saura jamais que son idée, le monde entier la connaîtra...* »

Alice : - Mais c'était pas le règlement, sélectionner des femmes ! Les hommes pouvaient participer.

Diane : - Y'a même eu un tirage au sort devant les caméras.

Odette : - Si vous croyez les règlements et les films, vous êtes mal parties les filles.

Diane : - Magouilles ici comme partout.

Alice : - Forcément ! Si je vous racontais comment ça se passe dans mon groupe !

Odette : - C'est moi qui tenais le caméscope ! Et sa fille a réalisé le montage, les coupures et tout, elle suit des études de cinéma, sa fille aînée, dans l'école la plus chère du pays forcément ! Et la télévision a été bien contente de pouvoir passer un reportage sans devoir se déplacer ! Et même gratuitement ! Enfin, quel beau voyage ils m'offrent en Martinique le mois prochain !

Brigitte : - Tu m'emmènes ?

Odette : - J'ai trois places... Tu me donnes combien ?

Brigitte : - Tu as des places gratuites et tu les revends !

Odette : - Forcément ! N'est-ce pas Alice, tout le monde se débrouille, forcément !

Alice : - Y'a eu de la magouille alors !?

Odette : - Une stagiaire s'est coltinée le premier tri : les hommes d'un côté, les femmes de l'autre. Après il a fallu que je regarde toutes les photos pour ne retenir finalement que des « *magnifiques femmes dont le prénom commence par les quatre premières lettres de l'alphabet.* »

Alice : - A comme Alice !

Brigitte : - B comme Brigitte !

Diane : - Et pourquoi ?

Odette : - A cause de sa mémoire ! Alice j'y glisse, Brigitte me prend la... *(pouffe de rire)*

Diane : - C'était une rime pauvre ? *(toutes rient sauf Brigitte vexée)*

Alice : - Alors c'est vrai, quand il chante, il utilise un prompteur ?

Odette : - Comment tu sais ça, toi ?

Alice : - Tu me l'as glissé tout à l'heure... Juste après avoir glissé ! On glisse beaucoup !

Odette : - Pas possible ! Quand Odette est saoule, elle se souvient de tout, à la virgule près. Et elle s'en souvient même après, alors elle s'enferme pendant quinze jours pour ne pas voir les catastrophes.

Alice : - Quand tu étais à jeun, quand je suis arrivée.

Odette : - Je ne suis pas responsable des propos d'Odette à jeun. Même pas coupable.

Diane : - Alors nous avons été choisies pour notre prénom et notre physique !

Odette : - Tu as tout compris ma belle !
Alice : - C'est plutôt un beau compliment, finalement.
Diane : - Dire que ma mère a hésité entre Diane et Rosalie !
Brigitte : - Oh ! Si mon mari savait ça ! Lui qui a envoyé une photo retouchée par Photoshop et noté uniquement des chansons de Frédéric dans son classement des plus belles chansons du millénaire ! J'avais même corrigé ses fautes !
Alice : - Attends, attends, je commence à comprendre…
Brigitte : - Tu comprends quoi ?
Alice : - Nous étions convoquées à vingt minutes d'intervalle !
Odette : - Cinq minutes de présentation et le reste, déshabillage et rhabillage compris, le reste tient en un quart d'heure. Chrono en main, on a répété !

Toutes : - Oh !

Odette : - Après, ouste dans la salle de répétitions, au piano si tu veux, la pièce est insonorisée, place à la suivante ! Comme au service militaire !
Alice : - Le vieux roudoudou !
Brigitte : - Je suis choquée ! Comment a-t-il pu croire ! J'ai beau être fan, je sais rester digne ! Il me déçoit.
Diane : - Pas de chance pour lui, je préfère les filles ! Mais bon pour faire payer à Momina de s'être tapé Carlo, pourquoi pas après tout ! 20 minutes aussi je croyais quand elle m'a avoué « *on s'est laissés submerger un soir.* » Mais c'était la version une, aujourd'hui on en est à quatre nuits passées entièrement nue dans son pieu et « *je lui ai bien rendu sa tendresse, ses caresses.* »
Alice : - Pauvre Diane ! Un mec aussi m'a fait ça… La

dignité doit être rare, tout finit peut-être en mensonges et trahisons...

Brigitte : - Démoralisez-moi pas ! Jamais je n'ai trompé mon mari et je n'en ressens aucun héroïsme, je l'Aime comme il m'Aime.

Odette : - Alice j'y glisse ! *(se retient de pouffer)* Je vous rassure, il avait prévu sa boîte de Viagra !

Toutes : - Oh !

Diane : - Heureusement qu'il y a du floc pour oublier ! Et elle voudrait que j'arrête l'alcool !

Alice : - Ça te fait aussi mal que si un mec t'avait trompée.

Diane : - Une Diane peut être cocue aussi ! Elle m'avait pourtant affirmé « *t'inquiète pas, tout va bien se passer* », quand elle est partie en septembre. En plus elle est revenue en décembre avec la carte de ce type dans sa poche, tu te rends compte elle m'embrassait avec la carte de ce type dans sa poche, elle lui avait donné son téléphone d'Addis et son mail, comme une petite salope impatiente d'être invitée au restaurant, une cocotte qui veut juste que le type fasse semblant de croire quelques minutes en sa vertu et la fasse tomber dans les règles établies de la drague entre personnes soucieuses de s'afficher dignes et honnêtes.

Odette : - Une cocotte-minute !

Diane : - Je lui avais même parlé de se pacser malgré sa famille qui ne veut pas entendre parler de moi. Heureusement les frais généraux sont généreux *(elle boit)*.

Alice : - Mais ça dégénère.

Diane, *en riant* : - Pourtant la nuit même les cellules grises se régénèrent ! Dire qu'en plus j'ai failli être en retard à cause d'une crevaison.

Odette : - Et ça t'aurait mise en retard !

Diane : - J'ai appelé les renseignements mais les garagistes du coin étaient tous sur répondeur. Les premiers types qui se sont arrêtés me proposaient d'appeler une remorqueuse et de m'héberger la nuit.

Odette : - Quand on veut conduire une voiture, il faut suivre la formation « changement de roues. » Frédéric me paye toujours le taxi, sur ça, y'a rien à lui reprocher.

Diane : - Et c'est un camionneur qui me l'a changée, sans même la moindre avance. J'avais des préjugés défavorables sur les camionneurs, j'avais tort. Je lui ai promis de lui envoyer une photo dédicacée de Frédéric…

Brigitte : - C'est pas clair non plus ton histoire de roue, ça n'arrive plus, crever une roue, c'était au Moyen-Âge !

Alice : - Y'avait pas de voitures, au Moyen-âge, ma vieille.

Diane : - Je suis une victime des manifestations estudiantines. Décidément le monde m'en veut ! Hier ils ont balancé des bouteilles sur les CRS.

Alice : - Alors il faut qu'on trinque !

Brigitte : - Vides, j'espère. Ils ne seraient quand même pas fous… Enfin, ils sont tellement riches les manifestants d'aujourd'hui, qu'un jour ils balanceront des bouteilles de Dom Pérignon. Juste pour narguer les journalistes stagiaires ! Et montrer qu'en France, non seulement on a les moyens de manifester, mais en plus une certaine élégance.

Alice : - C'est bizarre, j'avais eu la même idée quand les chanteurs ont manifesté contre le téléchargement gratuit de la musique sur Internet.

Brigitte : - Je me souviens. Mais j'ai oublié son nom, à ce chanteur qui tendait son joint aux CRS. Il paraît que cette photo, ça lui a rapporté un max de blé, ça a fait redécoller

ses ventes, encore plus que Gainsbourg quand il avait brûlé un gros billet à la télé.
Diane : - C'est qui Gazbourg ?
Odette : - Frédéric aussi a réussi un super bon plan média : avec Jef, nous avions organisé une super manif. Forcément spontanée ! On avait déplacé une de nos célèbres rencontres interprofessionnelles de la chanson française de qualité. Ils nous en avaient voulu les parigots, quand le 20 heures avait ouvert par un duplex avec le merveilleux petit village du sud-ouest « *où il y a ce soir plus de manifestants que d'habitants habituellement.* »
Diane : - Mais pourquoi ont-elles cessé, ces rencontres ? Je me souviens, j'avais vu un reportage à la télé.
Alice : - C'est écrit dans sa dernière biographie : « *le monde de la chanson regrette que ce haut lieu de la formation, de la création ait dû fermer, à cause de campagnes de presse scandaleuses, inacceptables.* »
Odette : - On nous a reproché nos subventions ! Trop d'argent dilapidé ! Ha ! qu'est-ce qu'on se prenait comme bon temps avec Jef, on s'en est payé de super vacances, vive les subventions !
Alice : - Magouilles !
Odette : - Retire ce mot, sinon je range le floc ! Le monde de la chanson a ses traditions. Et la Cour des Comptes ferait mieux…
Alice : - Je n'ai rien dit !
Diane : - Je meurs de soif ! (*elle se ressert et ressert ses compagnes*)
Odette : - Pauvre Frédéric ! Vous pourriez quand même respecter sa mémoire, arrêter de picoler cinq minutes !
Diane : - Il n'est pas mort, ton champion, juste cloîtré !

Odette : - Cloîtré, tu as trouvé le mot juste, ma belle. Elle est tellement jalouse sa femme ! Et elle a tout deviné.
Brigitte : - La pauvre !
Diane : - Jalouse, je l'étais même pas. J'avais une totale confiance. Mais loin des yeux loin du cœur. Pour moi aussi, comme pour les autres. Loin des yeux près de son pieu.
Odette : - Y'avait pas besoin d'être une lumière pour comprendre. Elle est passée la semaine dernière, elle a feuilleté le dossier. Je l'avais pourtant caché. Et elle n'a pas pu se retenir de remarquer « *bizarre, quand même, quatre femmes, et des plus fraîches et mignonnes.* »
Brigitte : - Elle n'a pas regardé le reportage télé ?
Odette : - Pauvre Frédéric ! Il s'est sacrifié pour qu'elle ne le voie pas : devoir conjugal ! Il l'a honorée durant une heure comme une femme désirable.
Alice : - Elle a pourtant les moyens de se payer un peu de chirurgie esthétique !
Odette : - Au village, on la surnomme « la Jacksonnette », tellement elle est siliconée.
Alice : - C'est pourtant pas écrit dans les biographies.
Brigitte : - Mais tu crois vraiment aux biographies !
Alice : - Tu ferais mieux de raconter ta vie !
Odette : - Pauvre Frédéric ! Il doit fixer sa vallée illuminée de lampes solaires. Tout ça parce que sa Jacinthe a réussi à le persuader que briser son image de dernier romantique serait catastrophique. L'homme qui n'a aimé qu'une femme ! Et il chante les fleurs ! Jure sur le cœur qu'elle lui inspire toutes ses chansons. Comme c'est triste, une idole non maquillée !
Brigitte : - Comme elle est belle la première guitare du maître !

Diane : - T'es sourde ou tu tiens pas l'alcool ?! C'est pas sa première guitare. Sa première, Odette la lui a fracassée sur la tête. Et elle a bien eu raison. S'il était là devant moi, il s'en prendrait une troisième.

Odette : - Diane, je t'interdis de colporter de tels ragots, c'est sa première guitare, point à la ligne.

Diane : - Si j'en avais la force ! J'ai même pas réussi à lui mettre trois gifles à cette Momina qui n'a même pas pleuré en avouant ses indignités !

Rideau

Acte 3

Suite beuverie. On sonne.

Odette : - Mon Dieu ! Qui cela peut-il bien être !
Diane : - Il en manque une, c'est donc elle !
Odette *compte* : - 1, 2, 3, 4 (*elle se compte en quatrième*). Quatre, sa fille en a bien tirées quatre... au sort ! On est complet !
Diane *compte* : - 1, 2 (*elle ne se compte pas*). Deux, y'en a pas quatre de chair à Frédérico. T'as pas gagné !
Alice *à Odette* : - Quatre moins un ?
Odette : - Trois, à quoi tu joues ?
Alice : - Tu n'as pas gagné, tu es l'hôtesse ! Avec un O comme O...
Diane : - Tocard !
Odette : - Tocard ?
Diane : - Autocar, l'autocar est arrivé sans se presser. Un autocar à roulettes. Et s'il n'en reste qu'une ce sera la dernière, et la nénette va décoller les étiquettes.
Odette : - Si j'ai tort, Diane a raison, forcément !
Alice : - Mais non, pas forcément ! bande de givrées !
Odette : - Qui va là ?

On sonne de nouveau.

Odette, *se lève, se précipite, ouvre difficilement (la porte est fermée à clé)* : - Oh ! (*elle se tient à la porte*) Monsieur le commissaire ! (*elle sort et referme la porte*)

Diane : - Il est arrivé quelque chose à Frédéric !
Alice : - Tu crois qu'ils l'ont retrouvé noyé dans le lac ?
Brigitte : - Si c'est ça on va passer à la télé !

Alice : - T'aurais pas honte de profiter de sa mort pour réciter ton poème au journal de TF1.

Brigitte : - J'y avais pas pensé ! Mais si les journalistes m'interrogent, je leur annonce une exclusivité mondiale.

Alice : - Du genre il m'a téléphoné hier pour me demander l'autorisation de mettre ce texte dans son prochain album !

Brigitte : - J'y avais pas pensé ! Tu travaillerais pas dans la pub ?

Diane : - C'est ce connard de Carlo qui travaille dans le marketing pour l'Union Européenne à Addis-Abeba, et il ne pouvait pas se contenter de Sophie, ouais Sophie, l'instit, il a fallu qu'il se tape une princesse black ; une blanche les jours pairs et une noire les jours impairs.

Brigitte : - Tu penses à tes histoires de... de... alors que Frédérico est peut-être raide !

Alice : - Enfin raide, les femmes diront devant son cercueil !...

Brigitte : - Oh !

Alice : - Bin oui, enfin raide naturellement, diront celles qui savent qu'il prenait du Viagra !

Diane : - C'est ce connard de Carlo qui prend du Viagra.

Odette rentre.

Toutes : - Alors ?

Odette : - Rien ! Juste un gendarme ! Notre Carla, pas la sœur de Carlo le salaud (*en souriant à Diane*) ni la femme de l'autre mais celle qui aurait dû être des nôtres, elle a eu un accident de voiture, juste un bras cassé mais fini pour elle la rencontre inoubliable !

Alice : - Inoubliable... A part le floc... c'est plutôt un flop !

Brigitte : - Floc, flop ! Tu as une âme de poète !
Odette : - L'escroc, pour le service il m'a demandé une petite gâterie. Je n'ai pas pu lui refuser, c'est presque mon vagin, oups mon voisin ! Il a vingt-deux ans ! Et sa femme est une amie. C'est une mode venue d'Angleterre, il paraît, les femmes mûres dévoreuses de jeunes hommes.
Diane : - Il en a eu aussi des gâteries, son baratineur d'aéroport, alors qu'elle m'écrivait encore « *tu me manques.* » Pourtant il avait presque trois fois vingt-deux ans !
Brigitte : - Ah ! donc tout va bien, ça m'a donné une de ces peurs ! Faut que je me vide ! (*elle se lève et sort vers la porte à l'opposée de celle d'entrée*)
Diane : - En tout cas, les vieux croûtons dévoreurs de chair fraîche, ça doit être universel, pas seulement pour les fonctionnaires européens italiens en poste en Ethiopie.
Alice : - Tu as fait vite !
Odette : - Je connais quelques trucs ! Il est jeune, il n'a pas résisté !
Alice : - Même durant ma procédure de divorce, j'aurais jamais osé être aussi directe !
Odette : - On ne peut pas lui donner tort, ni lui en vouloir. Il fut d'une tendresse touchante, pas une parole ni un geste obscène. Il sait que dans le show-biz on a la tendresse facile.
Diane : - Comme sous le soleil d'Addis ! On va au restau et on prend le dessert jusqu'à sept heures du mat, vas-y pépère, profites-en, reprends de la figue, je suis à toi. Diane, Diane, tu me manques on écrit dans les mails mais on s'emmêle sans état d'âme.
Alice : - Alors c'est vrai, c'est un milieu guère fréquentable, le show-biz ?

Odette : - On y vieillit vite : regarde, moi, j'avais 17 ans, et je les ai plus.
Alice : - Je te rassure, ça arrive aussi chez les comptables !
Odette : - Peut-être, mais elles ne s'en aperçoivent pas !
Alice, *à Diane :* - Faut pas essayer de comprendre, Odette est gasconne.
Diane : - Franchement, ça fait au moins trois jours que j'ai arrêté d'essayer de comprendre ce qui se passe ici ! Mais j'ai bien compris qu'en Ethiopie, elle espérait vivre « *Belle du Seigneur* », qu'un vieil homme distingué lui offrirait une vie de princesse.
Alice : - Tu étais où y'a trois jours ?
Odette : - Moi, parfois, j'ai bien l'impression qu'une journée tient en trois secondes. Le contraire peut donc arriver aussi.
Diane : - À une époque on mettait le temps en bouteilles et parfois il en sortait un ogre, parfois il en sortait...

On sonne. Un bond général.

Alice : - Les blousons noirs reviennent ! Où j'ai mis ma bombe lacrymogène ? (*elle fouille dans ses poches*)
Odette : - Silence les filles, quand le chasseur arrive, les biches se cachent.
Diane, *plus bas* : - Tu es allée voir Bambi au cinéma ?
Alice : - Et on fait quoi ?
Odette : - Rassurez-vous, j'ai refermé à clé.

Nouvelle sonnerie.

Voix féminine du dehors (*uniquement les derniers mots compréhensibles*) : - ...Ouvrez-moi !
Odette : - Sa femme ! C'est la fin du monde ! (*elle se signe, vide le fond de son verre*)
Diane : - Entre femmes, on saura se comprendre.

Alice : - Après tout, nous n'y sommes pour rien. Leurs histoires de couple ne regardent que les journaux.

Odette, *se lamente* : - Virée, virée sans indemnités ! Je l'avais bien pressenti, et sur qui ça va retomber, sur Bambi, sur bibi (*se frappe la tête*)... Même si elle vient avec un huissier pour m'accuser d'avoir outrepassé les termes de mon contrat, elle me paiera mes indemnités, sinon j'en ai à raconter ! Elle ne m'a jamais aimée, la garce ! J'y peux rien si son mec a un faible pour mes fesses !

La voix du dehors : - (*quelques mots incompréhensibles, puis*) C'est Brigitte.

Odette : - Brigitte, Brigitte ? Je ne connais pas de Brigitte.

Diane : - Elle veut nous embrouiller, c'est une ruse de Bambi, de pêcheur, de chasseur.

Alice : - Y'a des femmes chez les blousons noirs !... Deux ! B 2 !

Diane : - Touché ? Coulé ? Mais où est le plan de la bataille navale ? Si je pouvais le torpiller cet italien ! Les avions, ce sont des F16, je le sais, mon cousin...

Alice : - A 1 Alice, B 2 Brigitte !

Odette, *euphorique* : - Ah Brigitte ! Elle est sortie d'un côté, elle rentre de l'autre ! Je vous le disais bien que c'était pas sa fêlée, sa femme !

Brigitte : - ... Ouvrez, je me suis égarée...

Odette : - Je sais, je sais ! Mais j'ai quand même le temps de me lever ! Je suis en heures sups ! Je vais lui demander une prime de risques au Frédéric.

Odette se lève, titube jusqu'à la porte et ouvre finalement.
Brigitte rentre.

Brigitte : - Je suis désolée de vous avoir alarmées. J'ai dû ouvrir la porte qu'il ne fallait pas en sortant des toilettes. Je suis confuse.
Alice : - Pourtant tu dois commencer à connaître le chemin !
Odette : - Il va me les payer mes heures sups !
Diane : - En floc !
Odette : - Je suis pas du genre à tout déballer dans les journaux ni à demander d'être choriste ! Mais l'argent du travail, c'est sacré. Toute peine mérite salaire. Combien de fois je me suis levée ce soir !
Alice : - Et n'oublie pas de facturer les descentes à la cave !
Odette : - Parfaitement ! Et comme la chaudière est lancée, la nuit sera chaude ! (*plus discrètement à Diane dont elle s'est approchée :*) ça fait bien longtemps que je n'ai pas eu envie de faire un câlin avec une femme, mais faut que je te l'avoue, depuis que tu es arrivée je suis déstabilisée, y'a un truc en toi qui m'appelle et me fait vibrer. Je ne suis pas du genre à m'échauffer rapidement mais là, tu vois, je ne vais même pas te faire la grande scène de l'amitié... je te désire...
Diane : - Si tu insistes aussi gentiment...

Odette lui caresse les cheveux, le dos...
Alice et Brigitte les observent et elles s'éloignent d'une chaise pour continuer leur conversation.

Odette : - Si nous étions seules... j'oserais même passer une main en dessous...
Diane : - Si en plus tu m'offres un séjour à la Martinique...
Odette : - Tu passes vite de l'envie d'un peu de tendresse

à l'envie d'une vraie liaison... Je dis pas non, les mecs sont tellement décevants.

Diane : - Et pourtant cette conne de Momina s'est laissée entuber.

Odette : - Pense plus à elle ma belle, profite du temps présent en toute sincérité, en toute passion.

Diane : - Je me rappelle très bien, très très bien, de choses très bonnes, plus que bonnes... et je sais qu'elle m'Aime de nouveau...

Odette : - Tu vas en connaître d'autres.

Diane : - Son petit trésor excisé... et elle l'a laissé souiller, elle le regrette à peine en plus, elle sait juste marmonner « *désolée, je croyais qu'on allait se quitter, je croyais que tu ne m'aimais plus vraiment, je croyais ne plus t'aimer à ce point, je croyais qu'on allait se séparer... désolée, il m'a déstabilisée, ça ne m'était jamais arrivé, j'ai été submergée, j'avais des douleurs atroces au ventre mais j'y allais... désolée...*»

Odette : - Ma princesse. (*elle la caresse de plus en plus*)

Alice : - Je crois qu'on va terminer la soirée à deux devant des bouteilles vides.

Brigitte : - C'est dommage de se scinder comme ça. On formait un bon groupe.

Alice : - La vertu n'est pas une notion universelle.

Brigitte : - Je me demande souvent quel plaisir les gens trouvent dans la trahison ?

Alice : - Si on se met à philosopher, on va finir par pleurer.

Diane : - Elle avait des choses désagréables à m'apprendre qu'elle écrivait dans ses mails.

Odette : - C'est du passé ma princesse, sois dans l'instant présent, vis ce moment privilégié avec passion.

Diane : - Il l'appelait princesse et elle a passé quatre nuits nue dans son pieu à cet étalon italien. Et à sept heures du matin, avant d'aller occuper son poste d'inutile privilégié buvant le sang de l'Afrique, il descendait sa simili escort girl chez elle, et la cocotte s'empressait de m'écrire un mail anodin. Elle a même envisagé de faire sa vie avec, durant quelques jours. Mais pour lui, elle n'était qu'une aventure de passage, une couleur locale à consommer, et elle aurait voulu qu'il reste son ami de cœur, et en plus me l'imposer. Ami de cœur, elle a osé m'écrire depuis !

Odette : - C'est fini tout cela, on s'est rencontrées et le monde s'est éclairci.

Brigitte : - Et si on chantait.

Alice : - Allez, sors ton merveilleux poème destiné au prochain album de Frédérico rococo.

Brigitte : - Tu crois que je peux oser ?

Alice : - On aura au moins fini la soirée dignement.

Brigitte : - Oui, tu as raison, la dignité est de notre côté (*elle sort une feuille, la pose devant Alice*) tiens, je la connais par cœur.

Elles entonnent, le plus mal possible, « Qu'une fois »...

On parle de l'Amour
Qui ne serait plus
Qu'une vulgaire chasse à courre
Un jeu pratiqué nu
On joue à l'amour

On dit grand amour
Quand on a trop bu

Ou qu'on reste plus d'huit jours
En étant convaincu
Que c'est pour toujours

(*Odette se lève, tend la main droite à Diane qui la prend, se lève aussi, elles sortent main dans la main durant le refrain*)

Mais les rues sont pleines
De gens qui comme moi
N'ont dit qu'une fois
« Tu sais, je t'aime »

Rideau – FIN

Pour cinq comédiennes :

Cinq femmes attendent la star

Comédie contemporaine en trois actes

Le sujet : trois femmes lauréates d'un concours leur offrant vingt-quatre heures avec leur idole, le chanteur Frédéric K, dans son village du sud-ouest. Secrétaire de l'association organisatrice, Odette, un peu gaffeuse même à jeun, les accueille. Arrivées programmées à la file indienne. Mais l'idole est en retard... et finalement ne viendra pas. Les quatre femmes passeront donc la soirée ensemble, dressant un portrait peu flatteur de l'idole, du show-biz et de leur vie. Une pièce qui fait rire et réfléchir.

Le décor : une belle salle de réception mais d'un style kitch avec une table longue ornée de nombreuses fleurs, un bureau, des chaises, un canapé garni de coussins multicolores ornés des initiales « FK », trois portes (celle d'entrée, une vers une autre salle, une vers les toilettes), des fenêtres, une guitare sèche suspendue au mur (au-dessus du canapé).

Les personnages :

Odette : hôtesse d'accueil, la quarantaine.

Les lauréates, par ordre d'arrivée programmé :
Alice, Brigitte, Carla (ne viendra pas), Diane : la trentaine, distinguées, resplendissantes, vêtues avec goût, se présentent avec un petit bagage.

Une fan : la quarantaine, apparence très à l'opposée des lauréates.

Frédéric K est un chanteur moustachu et vieillissant, la soixantaine, ne viendra pas.

Acte 1

Odette seule dans la salle de réception. Elle marche de long en large, tout en regardant sa montre, inquiète.

Odette, *en arpentant la scène :* - Je ne marche pas par nécessité. Mais ça me calme ! Calme-toi Odette, puisque tu marches ! Tu agis parfaitement pour recouvrer ton légendaire calme. Respire ! *(elle respire profondément)* Oui, avec le ventre, c'est bien... Zen... *(elle continue en silence à marcher, inspirer et expirer profondément)* La première va arriver... Elle va sonner, j'en suis certaine... Tout va encore foirer et ça va retomber sur qui ? Sur ma tronche comme d'habitude... Je ne me suis quand même pas trompée de jour ? *(elle prend une chemise sur le bureau, l'ouvre...)* Ce serait une belle histoire à raconter ! *(elle sourit)* Odette panique mais elle s'était emmêlée les puceaux *(se frappe la tête)* *(précision de l'auteur : ce lapsus peut être retiré lors de certaines représentations, comme d'autres lapsus, si jugés incompatibles avec le public)*, les pinceaux, les dates quoi !... Non, c'est bien aujourd'hui... L'arnaqueur de fleuriste a livré ce matin, donc c'est le jour J !... J comme Jouissons ! Et la première va arriver. *(silence)* Mais qu'est-ce qu'il veut se prouver ! Il a tout : l'argent, la gloire, sept résidences secondaires, trois hôtels, deux Porsche, une Ferrari, un jet forcément privé, un aéroport forcément privé, un 4x4, des vignes, des terres en Afrique, des panneaux solaires, des amantes, des autruches, des bisons, des enfants. Comme elles sont belles ses filles ! Pauvres petites filles riches, va ! Comme ça doit être invivable, fille de star !... Génial et invivable !... Pratique, génial, inespéré. Mais invivable après quatorze ans !... Le fou ! Tout ça à cause de quelques rides ! Qu'est-ce qu'il croyait ! Un jour même la chirurgie esthétique ne peut plus rien ! Et de l'autre, qui s'amuse, avec ses parodies. Quel impertinent ! Mais comme c'est drôle ! (*elle éclate de rire*) Après tout, je m'en fous si tout foire. Pierre qui roule n'amasse pas mousse ! (*elle lance la chemise sur le bureau ; peu importe si elle n'atteint pas sa cible*) Odette philosophe, parfaitement. (*elle se vautre dans le canapé*) Si j'étais star, sûrement que moi aussi j'aurais des caprices de star. (*de sa main droite elle mime un éventail*) Mais pas quatre !

On Sonne

Odette : - Oh peuchère ! Enfin ! Il a fini de se maquiller ! Oh ! Les lumières !...

Elle se lève, se précipite sur les interrupteurs – après quelques essais transforme la pièce, qui devient très intimiste – et fonce vers la porte, s'arrête, souffle, ouvre, s'apprête à sauter au cou de son idole... (salariée de « l'association », elle reste très fan) C'est Alice... Odette s'arrête net.

Alice, *surprise* : - Je suis la première ? Suis-je un peu trop en avance ?

Odette, *se reprenant* : - Entrez, entrez, Alice.

Alice : - Comme vous connaissez mon prénom, je suis à la bonne porte ! (*elle observe le décor, qu'elle doit juger très intimiste*).

Odette : - Entrez, entrez, Alice. Frédérico devrait être là, il a... un léger retard.

Alice : - Ah, je comprends, c'est lui que vous vous apprêtiez à accueillir d'une manière aussi fougueuse ! Forcément !

Odette : - Mais non, mais non... J'ai glissé.

Alice, *en souriant* : - Et je suis la première ?

Odette : - Naturellement... ce qui signifie : vous pouvez le constater.

Odette referme la porte.

Alice : - Oh ! La première guitare !

Odette : - C'est même pas vrai !... (*se reprenant*) Oui, la première guitare de Frédérico (*comme si elle récitait*) sur laquelle, seul dans son jardin, à l'ombre des figuiers, il a composé ses premiers succès.

Alice : - Oh ! Comme c'est touchant de la voir en vrai.

Odette : - Je vais le rappeler... (*elle sort son portable d'une poche et appelle ; à Alice :*) C'est toujours son répondeur. C'est le répondeur depuis une heure. Je l'ai bien déjà appelé dix-sept fois (*elle range son portable*).

Alice : - J'espère qu'il ne lui est rien arrivé de grave ! Ce serait trop bête ! J'ai tellement rêvé de cet instant ! Rencontrer Frédéric ! Pouvoir lui parler comme je vous parle...

Odette : - Parler, parler, ce n'est pas son fort, au Frédéric !

Alice : - Pourtant, à la télé, il a toujours l'air tellement à l'aise, et si calme, si souriant...

Odette : - Avec un prompteur, tout le monde serait comme lui ! (*face au regard interloqué d'Alice, Odette réalise qu'elle s'exprime devant une lauréate*) Je plaisante ! Nous sommes dans le sud-ouest ici, nous avons la galéjade facile.

Alice : - Je croyais que la galéjade se pratiquait uniquement du côté de Marseille.

Odette : - Naturellement... ce qui signifie : ici gasconnades.

Alice : - Gasconnade, Gascogne, Gascon, c'est donc vrai : le caractère des Gascons était très haut en couleur ? C'était

bien au temps de la langue d'Oc ? Après l'empire romain ?

Odette : - Je suis là pour vous accueillir, l'office de tourisme c'est à côté... Je vous le susurre sans m'énerver : la Garonne nous irrigue, donc nous avons la plaisanterie naturelle. Comme vous débarquez de Paris, vous ne comprendrez pas toujours !

Alice : - Je suis de Châteauroux.

Odette : - Je le sais parfaitement, 27 ter rue Romanette Boutou. Mais pour nous, au-dessus de Brive-la-Gaillarde, on grelotte, c'est le pôle Nord.

Alice : - C'est une gasconnade ?

Odette : - Vous comprenez vite... J'allais ajouter pour une parisienne ! Je vous bouscule un peu, c'est juste pour noyer mon anxiété ! Je noie mon anxiété dans la Garonne ! Je vous l'avoue sans chinois, sans chichis même : je ne comprends pas pourquoi Frédéric n'est pas à ma place et moi derrière la caméra.

Alice : - La caméra ?

Odette : - Euh... Oui pour vous offrir la cassette de votre rencontre.

Alice : - Ah ! Forcément ! Quelle délicatesse !... Comme c'est touchant. Et vous travaillez depuis longtemps avec Frédéric ?... Je me permets cette familiarité du prénom... sur son courrier si poétique, il notait : « *Appelez-moi Frédéric quand nous aurons la chance d'enfin croiser nos regards.* »

Odette : - C'est plus intime. Frédéric avec un F comme Féerique ! Forcément Frédéric ! Toujours mieux que son prénom de naissance ! Les parents sont parfois fous !

Alice : - Comment ? Frédéric est un pseudonyme ?

Odette : - Qui vous a induite dans cette erreur ?

Alice : - Vous !... Pourtant j'ai lu toutes ses biographies et pas une ne signale un pseudonyme.
Odette : - Il faudra vous y habituer ! Ici on cause avec des images.
Alice : - La terre du grand poète, forcément.
Odette : - Comme recopient les journalistes !
Alice : - Comme je suis heureuse d'être ici ! Devant la porte, je me demandais si l'idole de ma vie allait m'ouvrir. Comme j'aurais été intimidée !
Odette : - Il doit encore traîner des moustaches dans le bureau. Tu veux que je les mette ?
Alice : - C'est une gasconnade ?
Odette : - On est dans le show-biz ici, après cinq minutes on se tutoie, après sept on s'embrasse sur la bouche.

Alice se recule.

Odette : - C'est une des célèbres répliques de notre poète bancal ! Local ! Les aphorismes du moustachu ! Il devrait être là, nous voguons à vue, nous sommes en totale improvisation. Je sens venir le paranormal ! Et je n'aime pas ça ! (*elle ressort de sa poche son portable et le rappelle*). Toujours la boîte vocale. « Frédéric, la première lauréate est impatiente de te voir en chair en muscles et en os. Et plus si affinités » (*elle pose son portable sur la table*).
Alice : - Encore une gasconnade !
Odette : - Déformation professionnelle !

On sonne.

Alice : - Oh !
Odette : - Ne rêvez pas, je n'ai pas refermé à clé ! Quand il est en retard, avant de sonner, Frédéric tourne toujours la poignée pour entrer discrètement, avec son petit air

d'enfant de chœur pris en faute avec le verre de vin blanc de monsieur le curé aux lèvres et les joues qui rougissent !

Alice : - Ah !

Odette : - Ma mère l'a vu enfant de chœur, c'était en... (*se reprenant*) Je vous parie que c'est Brigitte, 42 rue Pasteur, une de vos co-lauréates.

Alice : - Vous êtes voyante ?

Odette : - Les gasconnades de Châteauroux, c'est comme les gaillardises de Brive, ou pire : comme un Frédéric sans moustache.

Odette va à la porte, ouvre.

Odette : - Bonjour Brigitte.

Brigitte : - Je suis en avance... Je serais venue à pied pour voir Frédéric...

Odette : - Y'a pas de quoi !... Euh, je vous comprends.

Odette referme.

Alice : - J'en suis certaine : vous n'habitez pas Valenciennes !

Brigitte : - Je pensais être la première en arrivant en avance...

Odette : - Je m'occupe des présentations, Alice, première arrivée.

Brigitte : - Enchantée.

Alice : - En chansons... Je m'entraîne... Nous sommes au pays des gasconnades !

Odette : - Et la gasconnadière en chef, Odette, chargée par le maître d'improviser quand la pendule ne tourne pas rond.

Brigitte : - Et c'est le cas ?

Odette : - La centrale nucléaire détraque nos pendules.

Alice, *à Brigitte* : - C'est un message codé ; Odette,

pourriez-vous traduire ? Nous n'avons pas grandi dans l'ombre du maître.

Odette : - Je répète une dernière fois : Frédéric devrait être là...

Alice : - Et il est ailleurs !

Brigitte : - Et personne ne connaît cet ailleurs ?

Odette : - Qui sait avec lui !

Brigitte : - Oh ! La première guitare ! (*elle s'approche du canapé*)

On sonne !

Odette : - Je n'ai pas refermé à clé !

Alice : - Si ce n'est lui, c'est donc une autre.

Brigitte : - Et pourquoi donc, ne serait-ce pas lui ?

Odette : - Transmettez le savoir Alice, je suis postière, portière !

Alice : - Parce que Frédéric appuie toujours sur la poignée avant de sonner depuis qu'il a été surpris par Odette à boire le vin rouge de monsieur le curé, et Odette enferme les bouteilles à clé...

Odette : - Mais tu mélanges tout !

Alice : - Je crois que cette histoire me perturbe de plus en plus !

Brigitte : - Je n'ai rien compris. Vous êtes surréaliste tendance André Breton ?

Alice : - Je suis réaliste tendance *Psychologies Magazine*. Avec même un peu de Prozac quand ça chauffe trop.

Odette ouvre : une femme, très nerveuse, avec un appareil photo en main, entre rapidement.

La fan, *très nerveuse* : - Bonjour, bonjour, je suis venue pour les rencontres.

Odette : - Vous n'avez pas été convoquée, mademoiselle.

La fan : - C'est bien aujourd'hui, c'est bien ici les lauréats du concours. J'ai participé.

Odette : - Mais vous n'avez pas eu la chance de gagner !

La fan : - On m'a dit qu'il fallait venir aujourd'hui.

Odette : - Qui est donc ce cher et brave « on » ?

La fan : - C'est écrit dans le journal que c'est aujourd'hui.

Odette : - Mais personne ne vous a demandé de venir.

La fan : - Oh la première guitare ! Oh comme elle est belle !

Odette : - Ce n'est pas pour vous qu'elle est là, chère madame. Ma patience a des limites.

Les lauréates observent la scène en souriant.
Odette va chercher son portable sur la table. La fan en profite pour avancer timidement en jetant des regards admiratifs.

La fan : - Je suis une vraie fan.

Odette, *en se retournant* : - Je vous prie de quitter immédiatement cette salle privée.

La fan : - Je voudrais juste une photo, monsieur Frédéric et moi, soyez sympa, j'ai parié avec les copines. On n'arrive jamais à entrer dans les loges après les concerts. Je voudrais embrasser Frédéric, c'est mon rêve. J'ai fait trois cents kilomètres, soyez sympa.

Odette : - Je compte donc jusqu'à trois. Et comme les gendarmes sont juste à côté, dans deux minutes, si vous êtes encore ici, ils vont vous placer vingt-quatre heures en observation, prévention, et même préventive ! Ce serait dommage, vous en conviendrez ?

La fan : - Je voudrais juste faire une photo avec Frédéric. Je n'ai pas de mauvaises intentions. Je suis une vraie fan.

Odette : - Attendez dehors et vous le verrez arriver.

La fan : - Ne vous moquez pas de moi, je suis certaine

qu'ici c'est comme une zone militaire, vous avez au moins cinq entrées et sûrement même des souterrains.

Odette : - Frédéric a laissé une photo dédicacée, je vais vous la chercher seulement si vous me promettez qu'ensuite je ne serai pas obligée de déranger la gendarmerie.

La fan : - Promis, promis, je dirai aux copines que mon appareil s'est bloqué. C'est une bonne idée, vous ne trouvez pas ?

Odette : - Excellente ! (*elle va au bureau, ouvre un tiroir, en sort une photo... pendant ce temps La fan en profite pour photographier la guitare*) Tenez, chère madame.

La fan : - Oh merci, merci chère madame. (*elle sort en la tenant dans les mains et en la fixant comme une image sainte*)

Odette, *refermant la porte à clé, pour elle* : - Pauvre femme ! Ah ! C'est ça aussi son public ! On choisit les lauréates mais pas son public ! Peut-être même pas quarante ans et déjà lessivée !... (*aux lauréates :*) Il suffit d'un peu de tact et ça se passe toujours bien. Sauf une fois où les gendarmes ont vraiment dû se déplacer. Menottes et panier à salades !

On sonne.

Odette : - Ah non ! Elle ne va pas être la deuxième, celle-là ! (*elle écarte le rideau de la fenêtre et regarde dehors... Ouvre*) Encore, déjà ! Mais vous êtes toutes en avance !

Entre Diane.

Diane : - Enfin arrivée !
Odette : - Mais oui, bonjour Diane.
Diane : - Bonjour...

Suite de l'acte 1, ainsi qu'actes 2 et 3, identiques à la pièce avec quatre femmes.

Pour six comédiennes :

Première pièce :

Six femmes attendent la star

Comédie contemporaine en trois actes

Le sujet : quatre femmes lauréates d'un concours leur offrant vingt-quatre heures avec leur idole, le chanteur Frédéric K, dans son village du sud-ouest.
Secrétaire de l'association organisatrice, Odette, un peu gaffeuse même à jeun, les accueille.
Arrivées programmées à la file indienne. Mais l'idole est en retard... et finalement ne viendra pas. Les cinq femmes passeront donc la soirée ensemble, dressant un portrait peu flatteur de l'idole, du show-biz et de leur vie.
Une pièce qui fait rire et réfléchir.

Les personnages :

Odette : hôtesse d'accueil, la quarantaine.

Les lauréates, par ordre d'arrivée programmé :
Alice, Brigitte, Carla (ne viendra pas), Diane, Estelle : la trentaine, distinguées, resplendissantes, vêtues avec goût, se présentent avec un petit bagage.

Une fan : la quarantaine, apparence très à l'opposée des lauréates.

Frédéric K est un chanteur moustachu et vieillissant, la soixantaine, ne viendra pas.

Le décor : une belle salle de réception mais d'un style kitch avec une table longue ornée de nombreuses fleurs, un bureau, des chaises, un canapé garni de coussins multicolores ornés des initiales « FK », trois portes (celle d'entrée, une vers une autre salle, une vers les toilettes), des fenêtres, une guitare sèche suspendue au mur (au-dessus du canapé).

Acte 1

Odette seule dans la salle de réception. Elle marche de long en large, tout en regardant sa montre, inquiète.

Odette, *en arpentant la scène :* - Je ne marche pas par nécessité. Mais ça me calme ! Calme-toi Odette, puisque tu marches ! Tu agis parfaitement pour recouvrer ton légendaire calme. Respire ! (*elle respire profondément*) Oui, avec le ventre, c'est bien... Zen... (*elle continue en silence à marcher, inspirer et expirer profondément*) La première va arriver... Elle va sonner, j'en suis certaine... Tout va encore foirer et ça va retomber sur qui ? Sur ma tronche comme d'habitude... Je ne me suis quand même pas trompée de jour ? (*elle prend une chemise sur le bureau, l'ouvre...*) Ce serait une belle histoire à raconter ! (*elle sourit*) Odette panique mais elle s'était emmêlée les puceaux (*se frappe la tête*) (*précision de l'auteur : ce lapsus peut être retiré lors de certaines représentations, comme d'autres lapsus, si jugés incompatibles avec le public*), les pinceaux, les dates quoi !... Non, c'est bien aujourd'hui... L'arnaqueur de fleuriste a livré ce matin, donc c'est le jour J !... J comme Jouissons ! Et la première va arriver. (*silence*) Mais qu'est-ce qu'il veut se prouver ! Il a tout : l'argent, la gloire, sept résidences secondaires, trois hôtels, deux Porsche, une Ferrari, un jet forcément privé, un aéroport forcément privé, un 4x4, des vignes, des terres en Afrique, des panneaux solaires, des amantes, des autruches, des bisons, des enfants. Comme elles sont belles ses filles ! Pauvres petites filles riches, va ! Comme ça doit être invivable, fille de star !... Génial et invivable !... Pratique, génial, inespéré. Mais invivable après quatorze ans !... Le fou ! Tout ça à cause de quelques rides ! Qu'est-ce qu'il croyait ! Un jour même la chirurgie esthétique ne peut plus rien ! Et de l'autre, qui s'amuse, avec ses parodies. Quel impertinent ! Mais comme c'est drôle ! (*elle éclate de rire*) Après tout, je m'en fous si tout foire. Pierre qui roule n'amasse pas mousse ! (*elle lance la chemise sur le bureau ; peu importe si elle n'atteint pas sa cible*) Odette philosophe, parfaitement. (*elle se vautre dans le canapé*) Si j'étais star, sûrement que moi aussi j'aurais des caprices de star. (*de sa main droite elle mime un éventail*) Mais pas cinq !

On Sonne

Odette : - Oh peuchère ! Enfin ! Il a fini de se maquiller ! Oh ! Les lumières !...

Elle se lève, se précipite sur les interrupteurs – après quelques essais transforme la pièce, qui devient très intimiste – et fonce vers la porte, s'arrête, souffle, ouvre, s'apprête à sauter au cou de son idole... (salariée de « l'association », elle reste très fan) C'est Alice... Odette s'arrête net.

Alice, *surprise* : - Je suis la première ? Suis-je un peu trop en avance ?

Odette, *se reprenant* : - Entrez, entrez, Alice.

Alice : - Comme vous connaissez mon prénom, je suis à la bonne porte ! (*elle observe le décor, qu'elle doit juger très intimiste*).

Odette : - Entrez, entrez, Alice. Frédérico devrait être là, il a... un léger retard.

Alice : - Ah, je comprends, c'est lui que vous vous apprêtiez à accueillir d'une manière aussi fougueuse ! Forcément !

Odette : - Mais non, mais non... J'ai glissé.

Alice, *en souriant* : - Et je suis la première ?

Odette : - Naturellement... ce qui signifie : vous pouvez le constater.

Odette referme la porte.

Alice : - Oh ! La première guitare !

Odette : - C'est même pas vrai !... (*se reprenant*) Oui, la première guitare de Frédérico (*comme si elle récitait*) sur laquelle, seul dans son jardin, à l'ombre des figuiers, il a composé ses premiers succès.

Alice : - Oh ! Comme c'est touchant de la voir en vrai.

Odette : - Je vais le rappeler... (*elle sort son portable d'une poche et appelle ; à Alice :*) C'est toujours son répondeur. C'est le répondeur depuis une heure. Je l'ai bien déjà appelé dix-sept fois (*elle range son portable*).

Alice : - J'espère qu'il ne lui est rien arrivé de grave ! Ce serait trop bête ! J'ai tellement rêvé de cet instant ! Rencontrer Frédéric ! Pouvoir lui parler comme je vous parle...

Odette : - Parler, parler, ce n'est pas son fort, au Frédéric !

Alice : - Pourtant, à la télé, il a toujours l'air tellement à l'aise, et si calme, si souriant...

Odette : - Avec un prompteur, tout le monde serait comme lui ! (*face au regard interloqué d'Alice, Odette réalise qu'elle s'exprime devant une lauréate*) Je plaisante ! Nous sommes dans le sud-ouest ici, nous avons la galéjade facile.

Alice : - Je croyais que la galéjade se pratiquait uniquement du côté de Marseille.

Odette : - Naturellement... ce qui signifie : ici gasconnades.

Alice : - Gasconnade, Gascogne, Gascon, c'est donc vrai : le caractère des Gascons était très haut en couleur ? C'était

bien au temps de la langue d'Oc ? Après l'empire romain ?

Odette : - Je suis là pour vous accueillir, l'office de tourisme c'est à côté... Je vous le susurre sans m'énerver : la Garonne nous irrigue, donc nous avons la plaisanterie naturelle. Comme vous débarquez de Paris, vous ne comprendrez pas toujours !

Alice : - Je suis de Châteauroux.

Odette : - Je le sais parfaitement, 27 ter rue Romanette Boutou. Mais pour nous, au-dessus de Brive-la-Gaillarde, on grelotte, c'est le pôle Nord.

Alice : - C'est une gasconnade ?

Odette : - Vous comprenez vite... J'allais ajouter pour une parisienne ! Je vous bouscule un peu, c'est juste pour noyer mon anxiété ! Je noie mon anxiété dans la Garonne ! Je vous l'avoue sans chinois, sans chichis même : je ne comprends pas pourquoi Frédéric n'est pas à ma place et moi derrière la caméra.

Alice : - La caméra ?

Odette : - Euh... Oui pour vous offrir la cassette de votre rencontre.

Alice : - Ah ! Forcément ! Quelle délicatesse !... Comme c'est touchant. Et vous travaillez depuis longtemps avec Frédéric ?... Je me permets cette familiarité du prénom... sur son courrier si poétique, il notait : « *Appelez-moi Frédéric quand nous aurons la chance d'enfin croiser nos regards.* »

Odette : - C'est plus intime. Frédéric avec un F comme Féerique ! Forcément Frédéric ! Toujours mieux que son prénom de naissance ! Les parents sont parfois fous !

Alice : - Comment ? Frédéric est un pseudonyme ?

Odette : - Qui vous a induite dans cette erreur ?

Alice : - Vous !... Pourtant j'ai lu toutes ses biographies et pas une ne signale un pseudonyme.
Odette : - Il faudra vous y habituer ! Ici on cause avec des images.
Alice : - La terre du grand poète, forcément.
Odette : - Comme recopient les journalistes !
Alice : - Comme je suis heureuse d'être ici ! Devant la porte, je me demandais si l'idole de ma vie allait m'ouvrir. Comme j'aurais été intimidée !
Odette : - Il doit encore traîner des moustaches dans le bureau. Tu veux que je les mette ?
Alice : - C'est une gasconnade ?
Odette : - On est dans le show-biz ici, après cinq minutes on se tutoie, après sept on s'embrasse sur la bouche.

Alice se recule.

Odette : - C'est une des célèbres répliques de notre poète bancal ! Local ! Les aphorismes du moustachu ! Il devrait être là, nous voguons à vue, nous sommes en totale improvisation. Je sens venir le paranormal ! Et je n'aime pas ça ! (*elle ressort de sa poche son portable et le rappelle*). Toujours la boîte vocale. « Frédéric, la première lauréate est impatiente de te voir en chair en muscles et en os. Et plus si affinités » (*elle pose son portable sur la table*).
Alice : - Encore une gasconnade !
Odette : - Déformation professionnelle !

On sonne.

Alice : - Oh !
Odette : - Ne rêvez pas, je n'ai pas refermé à clé ! Quand il est en retard, avant de sonner, Frédéric tourne toujours la poignée pour entrer discrètement, avec son petit air

d'enfant de chœur pris en faute avec le verre de vin blanc de monsieur le curé aux lèvres et les joues qui rougissent !

Alice : - Ah !

Odette : - Ma mère l'a vu enfant de chœur, c'était en... (*se reprenant*) Je vous parie que c'est Brigitte, 42 rue Pasteur, une de vos co-lauréates.

Alice : - Vous êtes voyante ?

Odette : - Les gasconnades de Châteauroux, c'est comme les gaillardises de Brive, ou pire : comme un Frédéric sans moustache.

Odette va à la porte, ouvre.

Odette : - Bonjour Brigitte.

Brigitte : - Je suis en avance... Je serais venue à pied pour voir Frédéric...

Odette : - Y'a pas de quoi !... Euh, je vous comprends.

Odette referme.

Alice : - J'en suis certaine : vous n'habitez pas Valenciennes !

Brigitte : - Je pensais être la première en arrivant en avance...

Odette : - Je m'occupe des présentations, Alice, première arrivée.

Brigitte : - Enchantée.

Alice : - En chansons... Je m'entraîne... Nous sommes au pays des gasconnades !

Odette : - Et la gasconnadière en chef, Odette, chargée par le maître d'improviser quand la pendule ne tourne pas rond.

Brigitte : - Et c'est le cas ?

Odette : - La centrale nucléaire détraque nos pendules.

Alice, *à Brigitte* : - C'est un message codé ; Odette,

pourriez-vous traduire ? Nous n'avons pas grandi dans l'ombre du maître.
Odette : - Je répète une dernière fois : Frédéric devrait être là...
Alice : - Et il est ailleurs !
Brigitte : - Et personne ne connaît cet ailleurs ?
Odette : - Qui sait avec lui !
Brigitte : - Oh ! La première guitare ! (*elle s'approche du canapé*)

On sonne !

Odette : - Je n'ai pas refermé à clé !
Alice : - Si ce n'est lui, c'est donc une autre.
Brigitte : - Et pourquoi donc, ne serait-ce pas lui ?
Odette : - Transmettez le savoir Alice, je suis postière, portière !
Alice : - Parce que Frédéric appuie toujours sur la poignée avant de sonner depuis qu'il a été surpris par Odette à boire le vin rouge de monsieur le curé, et Odette enferme les bouteilles à clé...
Odette : - Mais tu mélanges tout !
Alice : - Je crois que cette histoire me perturbe de plus en plus !
Brigitte : - Je n'ai rien compris. Vous êtes surréaliste tendance André Breton ?
Alice : - Je suis réaliste tendance *Psychologies Magazine*. Avec même un peu de Prozac quand ça chauffe trop.

Odette ouvre : une femme, très nerveuse, avec un appareil photo en main, entre rapidement.

La fan, *très nerveuse* : - Bonjour, bonjour, je suis venue pour les rencontres.
Odette : - Vous n'avez pas été convoquée, mademoiselle.

La fan : - C'est bien aujourd'hui, c'est bien ici les lauréats du concours. J'ai participé.

Odette : - Mais vous n'avez pas eu la chance de gagner !

La fan : - On m'a dit qu'il fallait venir aujourd'hui.

Odette : - Qui est donc ce cher et brave « on » ?

La fan : - C'est écrit dans le journal que c'est aujourd'hui.

Odette : - Mais personne ne vous a demandé de venir.

La fan : - Oh la première guitare ! Oh comme elle est belle !

Odette : - Ce n'est pas pour vous qu'elle est là, chère madame. Ma patience a des limites.

Les lauréates observent la scène en souriant.
Odette va chercher son portable sur la table. La fan en profite pour avancer timidement en jetant des regards admiratifs.

La fan : - Je suis une vraie fan.

Odette, *en se retournant* : - Je vous prie de quitter immédiatement cette salle privée.

La fan : - Je voudrais juste une photo, monsieur Frédéric et moi, soyez sympa, j'ai parié avec les copines. On n'arrive jamais à entrer dans les loges après les concerts. Je voudrais embrasser Frédéric, c'est mon rêve. J'ai fait trois cents kilomètres, soyez sympa.

Odette : - Je compte donc jusqu'à trois. Et comme les gendarmes sont juste à côté, dans deux minutes, si vous êtes encore ici, ils vont vous placer vingt-quatre heures en observation, prévention, et même préventive ! Ce serait dommage, vous en conviendrez ?

La fan : - Je voudrais juste faire une photo avec Frédéric. Je n'ai pas de mauvaises intentions. Je suis une vraie fan.

Odette : - Attendez dehors et vous le verrez arriver.

La fan : - Ne vous moquez pas de moi, je suis certaine

qu'ici c'est comme une zone militaire, vous avez au moins cinq entrées et sûrement même des souterrains.
Odette : - Frédéric a laissé une photo dédicacée, je vais vous la chercher seulement si vous me promettez qu'ensuite je ne serai pas obligée de déranger la gendarmerie.
La fan : - Promis, promis, je dirai aux copines que mon appareil s'est bloqué. C'est une bonne idée, vous ne trouvez pas ?
Odette : - Excellente ! (*elle va au bureau, ouvre un tiroir, en sort une photo... pendant ce temps La fan en profite pour photographier la guitare*) Tenez, chère madame.
La fan : - Oh merci, merci chère madame. (*elle sort en la tenant dans les mains et en la fixant comme une image sainte*)

Odette, *refermant la porte à clé, pour elle* : - Pauvre femme ! Ah ! C'est ça aussi son public ! On choisit les lauréates mais pas son public ! Peut-être même pas quarante ans et déjà lessivée !... (*aux lauréates :*) Il suffit d'un peu de tact et ça se passe toujours bien. Sauf une fois où les gendarmes ont vraiment dû se déplacer. Menottes et panier à salades !

On sonne.

Odette : - Ah non ! Elle ne va pas être la deuxième, celle-là ! (*elle écarte le rideau de la fenêtre et regarde dehors... Ouvre*) Encore, déjà ! Mais vous êtes toutes en avance !

Entre Diane.

Diane : - Enfin arrivée !
Odette : - Mais oui, bonjour Diane.
Diane : - Bonjour...
Odette : - Odette, Odette avec un O et quelques dettes...

Rassurez-vous, j'ai une éponge qui les récure !... Les absorbe ! L'argent coule tellement à flots dans son ruisseau.

Toutes la regardent sans comprendre.

Odette : - J'ai une relation qui les éponge, un chanteur à sucer... succès, si vous ne comprenez pas les raccourcis. Diane qui arrive avant Carla, décidément tout part de travers.

Alice : - Les chemins de travers.

Odette, *en les montrant :* - Je te présente Alice et Brigitte, fait comme chez toi petite princesse, Frédéric devrait être là mais j'ignore où il est... Demande des informations, raconte ton voyage, des blagues, montrez-vous les photos de vos enfants, vos vacances, vos amants, Odette est débordée, déboussolée, déprimée et Alice, au lieu de m'aider, mélange tout. Elle aurait dû s'appeler Zélie ! Je n'en peux plus ! (*Odette prend dans une de ses poches une pilule, hésite*) C'est un cas de force majeure, sinon je vais péter un plomb ! (*elle l'avale*) Ha ! Je me sens déjà mieux ! Cool ! Le show-biz a quand même de bons côtés ! Défonce majeure !

Alice et Brigitte l'observent avec désapprobation, tandis que Diane pose son sac dans un coin sans y prêter attention.

Diane : - Oh ! La première guitare...

Odette *plane, pour elle :* - Peace and Love ! Champagne !... Mais ça ne dure jamais, je sais, je suis lucide même dans mon aéroplane blindé. J'en ai trop ingurgitées. Une vie de défonce ou une vie où l'on s'enfonce jusqu'au cou dans le fossé ? Même si j'avais eu le choix, si Frédéric ne m'avait pas embarquée dans son délire, j'aurais choisi le soleil artificiel (*le regard de plus en plus vague*). Comment peuvent-elles supporter la grisaille ? Je vous pardonne, vous ne pouvez pas comprendre, vous ne devez jamais savoir…

Diane, *en se retournant et les observant rapidement :* - Nous avons toutes le même signe distinctif, ce bracelet en argent ! Quand je l'ai découvert dans la lettre il m'a causé une émotion digne d'un premier amour, ou d'une Momina draguée à l'aéroport du Caire par un notable de l'union européenne… (*toutes la regardent, Diane gênée*) Oui, le bracelet en argent (*elle soulève le bras pour montrer son bracelet*)

> *Toutes soulèvent leur main gauche pour montrer leur bracelet et rient. Odette a le même et rit encore plus fort. Elle soulève le bord de son pantalon droit pour montrer qu'elle en a un aussi à la cheville.*

Brigitte : - Moi, quand je l'ai vu, j'ai failli m'évanouir.

Alice : - Au pays des gasconnades, tu aurais dû t'exclamer « *Trois heures furent nécessaires aux pompiers pour me réanimer…* » Oui, je te tutoie, j'ai retenu la première leçon d'Odette « *Après cinq minutes, on se tutoie…* »

Odette, *qui plane :* - Tutoyez-vous, aimez-vous les unes les autres. Et adoptez des enfants si… si je chante faux ! (*en pouffant de rire*)

Diane : - Donc on se tutoie, ça ne me dérange pas, puisque nous sommes dans le même bateau *(Odette, sans l'interrompre : « bureau pas bateau »)*, que nous avons toutes eu l'heureuse surprise de recevoir une lettre, elle m'est arrivée le même jour que le mail de Momina m'annonçant quelque chose de désagréable à m'apprendre. Désagréable, je ne m'étais pas inquiétée, elle m'écrivait toujours *mon Amour*.

Brigitte : - Momina, c'est un pseudo du web branché ?

Diane : - Momina est un prénom fréquent en Afrique du nord, elle était l'amante du cynique et manipulateur Carlo, elle était son passe-temps gratuit, tandis que je l'attendais en toute confiance, d'un Amour absolu... enfin je ne vais pas vous raconter ma vie !

Alice, *pour elle* : - L'une plane, l'autre vide son sac sentimental (*en se passant la main droite dans les cheveux*), je devrais peut-être aller attendre Frédéric dehors.

Diane : - Avec tant d'avance, je croyais arriver la première... ou nous n'avons pas toutes été invitées à la même heure ?

Odette : - Waouh ! En plus intelligente, la princesse ! Grande capacité de déductions, je note !

Diane : - Merci !

Odette, *qui plane toujours* : - Délicatesse de Frédéric. A chacune un accueil personnalisé, arrivées programmées avec un intervalle régulier...

Brigitte : - Personnalisé ?

Odette, *moins planante* : - Mais en plus de Frédéric, maintenant il manque Carla ! L'ordre d'arrivée n'a pas été respecté, c'est la chienlit ! Général ! Réveille-toi, ils sont devenus fous !

Diane : - Et le programme ? Quel est le programme ? L'incertitude c'était bien avant, on pouvait tout imaginer. Mais maintenant que nous sommes arrivées...

Odette : - Programme ! Le programme ! Mais Odette n'a qu'un rôle secondaire ! Je suis une simple salariée qui se mettra en grève un jour ! Tout reposait sur Frédéric et vous, ravissantes lauréates !

Brigitte : - Il devait nous apprendre à écrire une chanson ?

Odette : - Apprendre à écrire une chanson ! J'aurai tout

entendu dans l'ombre du boss ! J'ai pas dit du bossu ! Si je la retiens, je l'écrirai celle-là ! Dans mes mémoires. Les mémoires d'Odette ! « *Mémoires honnêtes mais pas nettes d'Odette.* » Sous-titré « *Frédéric frétillant.* » J'ai déposé le titre à la Bibliothèque Nationale. Bref ! Il y a deux écoles : dans la première, les artistes se réunissent, picolent et griffonnent leurs divagations, et selon l'autre école, les solitaires s'enferment dans leur chambrette et attendent l'inspiration... c'est-à-dire qu'ils picolent en âmes solitaires, en poètes maudits !

Brigitte : - J'ai essayé d'écrire des chansons... Mais on me répondait toujours que c'étaient des poèmes.

Alice : - Si j'ai bien suivi, la différence entre une chanson et un poème, c'est le degré d'alcool dans le sang durant l'écriture.

Brigitte : - Tu crois qu'il m'aurait suffi de quelques verres de Malibu pour devenir auteur de chansons ?

Alice : - Il n'est peut-être pas trop tard !

Brigitte : - J'ai apporté un petit poème, je ne sais pas si j'oserai le montrer. Mon rêve c'était qu'il le chante dans son prochain album... Mais à présent que je sais qu'une chanson et un poème ça n'a rien à voir...

Odette : - Lâche-toi ma grande, qu'on te répondrait dans le métier... Lâchez prise ! Zen ma fille ! J'ai tout ce qu'il te faut à la cave ! Pour tous les prix, pour tous les stress... J'en ai même des caisses, des brouettes, des bonbonnes, des bonbons et même de l'écorce de platane, (*en souriant*) c'est terrible, c'était pas naturel, mon parachute s'est refermé.

Alice : - Boire ou ne pas boire, telle est la chanson !

Brigitte : - Non, pas des chansons à boire, de belles chansons romantiques comme Frédéric.

Diane : - Moi aussi j'ai essayé, d'en écrire des chansons,

ou des poèmes, quand Momina est retournée un mois à Addis-Abeba. *Le plaisir de trahir*, ça s'appelait. J'avais même un refrain et trois couplets, comme dans une chanson classique :

T'avais l'temps de t'enfuir
Mais t'as voulu vivre le plaisir de trahir
Déstabilisée submergée
Tu t'es laissée consommer
Il t'a touchée partout
Dans tous les... sens du terme
Tu m'as traînée dans la boue
T'avais envie de son sperme

Le plaisir de trahir
D'ailleurs jouir
Y'a pas que les mecs
Y 'a pas que dans les romans de Michel Houellebecq

On sonne !

Odette, *soudain totalement dégrisée* : - J'espère que c'est elle ! Que nous retrouvions un peu d'ordre !

Elle va ouvrir.

Odette : - Oh non ! (*elle referme la porte brusquement, s'appuie contre elle, en hurlant « venez m'aider, des blousons noirs » et referme à clé en poussant un très long « oufff » puis après quelques secondes :*) Des blousons noirs, c'est pas le public de Frédérico, des fous, je les reconnais, ils ont des regards de dingues et pas d'appareil photo.

Alice, *s'effondre dans le canapé, pour elle* : - J'avais rêvé d'autre chose ! A la télé, c'est toujours tellement féerique le show-biz ! Un orchestre avec cordes, un serveur aux gants blancs, caviar, champagne... Et ça n'a rien à voir avec mes rêves.

Brigitte : - Mais où peut bien être passé Frédéric ?

Alice, *en souriant, pour elle mais entendue de toutes* : - S'il avait été garagiste, on aurait pu imaginer qu'il a été appelé pour une urgence.

Brigitte : - Vous trouvez pas qu'on n'y voit rien dans cette pièce ?

Odette, *en détachant fortement chaque syllabe* : - In-ti-mis-te !

Diane : - Ça va Odette ?

Odette : - J'imite le maîîîîîîîîître.

Brigitte : - Oh la rime ! On se croirait chez Racine !

On sonne !

Odette, *paniquée* : - Les blousons noirs reviennent ! Je fais quoi chef ?... Vite mon manuel !... et nous n'avons même pas de kalachnikovs. Agent 007 une mission pour vous ! (*toutes la regardent en souriant de sa panique démesurée et Odette revient un peu dans la réalité :*) J'ai failli débuter une carrière au théâtre, « *et nous n'avons même pas de kalachnikovs* », c'était la première réplique de mon bout d'essai (*elle va vers la fenêtre, regarde et sourit :*) Soyez rassurées les filles, il s'agit simplement d'Estelle, faut pas paniquer comme ça mesdemoiselles !

Elle ouvre.

Odette : - Estelle avant Carla !

Estelle : - Je suis lauréate...

Le portable d'Odette sonne. Toutes sursautent, plus personne ne s'intéresse à Estelle, intriguée.

Odette, *en refermant la porte :* - Quand on parle du poète on entend sa... on entend sa ?

Brigitte : - Sonnette !

Odette : - Bien Bri... gette ! Il est le seul à connaître ce numéro, il m'a remis ce nouveau portable hier... Je vous raconterai...

Odette, *en décrochant :* - Frédéric ! (...) Bonjour madame (...) Ce n'est pas grave j'espère (...) Mais je fais quoi ? (...) Et demain matin, avec les journalistes et le président du Conseil Régional ? (...) Bien madame.

Odette range son portable. Toutes la fixent.

Odette : - C'était sa vénérable et hystérique, historique, épouse. Frédéric ne pourra pas venir ce soir.

Un « oh » de déception générale.

Odette : - Il y a bien une version officielle. Mais bon, je vous l'épargne. Comme si quelqu'un va croire une version officielle de madame.

Alice : - Les journalistes !

Odette : - Tu as tout compris !... Tu n'aurais pas un pied dans le show-biz ?

Alice : - Même pas un ongle.

Odette : - Un oncle te serait plus utile qu'un ongle... Mais Frédéric sera là demain matin pour la photo souvenir et les télévions de caméras... les camés de tes visions... caméras de télévision.

Diane : - On pourra au moins lui parler ? Momina est fan de son romantisme gnangnan. Je voudrais bien lui ramener une dédicace du genre « Pour Momina la traître et son salaud de Carlo, qu'elle sache enfin qu'être attendue six mois c'est du vrai romantisme alors qu'être invitée et complimentée au restaurant n'est qu'une manipulation de connard en rut. »

Odette : - Rassurez-vous, il vous accordera l'intégralité du dimanche.

Alice : - Il faut retarder notre départ ?

Brigitte : - Mais moi je ne peux pas, mon train est à 10 heures 25. Quel drame !

Odette : - Une bonne nouvelle : j'ai l'autorisation de remonter de la cave sacrée quelques bouteilles de floc.

Diane : - Du floc ?

Odette : - L'apéritif local. La renommée du sud-ouest. Personne ne connaît le floc ?

Brigitte : - Mais si au fait ! J'en ai bu une fois en vacances... Mais il ne faut pas exagérer, sinon on se met vite à dire et faire n'importe quoi !

Odette : - Floc et cacahouètes, ça promet les fillettes ! Parole d'Odette !

Rideau

Acte 2

Nombreuses bouteilles de floc vides sur la table. Les femmes assises. Lumière normale. Beuverie.

Régulièrement, jusqu'à la fin de la pièce, fuseront des exclamations, des paroles inaudibles (couvertes par la voix principale).

Odette : - Quand Odette boit, Odette dit n'importe quoi ! Ça c'est leur version officielle dans le plus charmant des villages du sud-ouest, comme ils bavent à la télé quand Frédéric est l'invité d'honneur.

Alice : - Pas tant d'honneurs que ça si j'ai bien tout suivi.

Odette : - Quand Odette boit, c'est comme si des portes à l'intérieur s'ouvraient. Je ne suis plus Odette secrétaire modèle (*toutes rient*). Odette secrétaire modèle condamne Odette cancanière. Et vice versa !

Alice : - Cancanière, j'y crois pas ! Tu ne nous as même pas expliqué comment un tirage au sort pouvait sélectionner cinq jeunes femmes pimpantes et presque équilibrées quand des millions de francophones ont envoyé leur plus belle photo et leur classement des plus belles chansons du millénaire.

Odette : - C'est même pas son idée à lui ! C'était avant, du temps où il présidait une autre association, où il dirigeait « Woodstock du Sud-Ouest » ! C'est le coordinateur de cette grande usine à subventions qui lui a refilé l'idée. (*Odette se tait et devient sombre*)

Brigitte, *doucement* : - L'idée…

Odette : - Parce que Frédéric en avait marre : à chaque fois qu'une gamine lui ouvrait sa porte, il devait promettre de la prendre comme choriste, ou en première partie d'un concert. Je dis une gamine, parce qu'il les sélectionnait 18-25 ans, sur photo naturellement !

Alice : - Forcément !

Odette : - Jamais moins de 18 ans, c'était une règle écrite dans le platane.

Estelle : - Le marbre !

Odette : - T'es pas du sud-ouest, toi ! Ici, c'est le platane ou la pierre. Mais la pierre, ça casse la lame du couteau ! 18 ans, j'ai dit ! J'étais stricte là-dessus. Y'a bien eu une exception, mais la chanteuse avait falsifié sa carte d'identité, dans ce cas-là, on assume.

Alice : - Elle voulait simplement chanter !

Odette : - Quand on fraude, on assume ! Elle assumait la brunette ! Waouh ! Si elle réussit elle pourra écrire un best-seller « *ma méthode pour percer.* »

Diane : - On a compris. Pas besoin d'un livre, une phrase suffit. Momina pourrait lui donner des conseils.

Odette : - S'il le faut, j'irai la tête haute en prison ! Bref... J'étais stricte là-dessus, 18 ans. Si l'Etat autorise 15, pour moi, pas de problème, mais l'Etat a dit, donc Odette est stricte. La loi, c'est la loi.

Estelle : - Les lois, on s'en fout !...

Odette : - Ou alors faut être prudent, depuis qu'avoir un nom ne protège même plus des petits juges ! Je voulais pas retrouver Frédéric traité comme un vulgaire... Comme un vulgaire... En Asie, le « french singer » fait ce qu'il veut, Odette ne va jamais en Asie. Décalage horaire, pas bon. Sauf au Québec, Québec presque France, cousins, on ne va pas nous reprocher de combattre le froid par la fusion ! Mais en France, non, je ne veux pas devenir complice. En Asie, si tu veux, mais pas ici, Odette a des principes, Odette honnête, sinon Odette démissionne !... Et réclame une augmentation pour revenir !...

Brigitte, *doucement* : - Qu'il la prendrait comme choriste…
Odette : - Alors ça créait un tas d'embrouilles, parce que Frédéric, il a remplacé les choristes par des synthétiseurs.
Alice : - Forcément !
Odette : - Vous voulez savoir pourquoi ?
Alice : - Forcément !
Odette : - Personne ne devine ?
Diane : - C'est jamais en retard ? Pas comme les africaines !
Brigitte : - C'est moins lourd !
Estelle : - C'est pas cohérent avec le personnage !
Odette : - Madame a décrété, « *ça coûte moins cher* », alors monsieur a cédé. Madame en avait marre des ragots et madame est jalouse. Mais moi ça ne me gênait pas qu'on prenne toutes et tous la même chambre ! Pour une fois qu'on faisait des économies ! Elle n'est jamais contente ! Nous étions jeunes ! Et jeunesse a beaucoup de tendresses les soirs de concerts.
Estelle : - On a parfois de jubiler un peu ! Sinon la vie est triste !
Diane : - Ça j'en suis certaine, ce n'est pas écrit dans sa biographie, n'est-ce pas Alice ! D'ailleurs la vérité personne ne l'écrit, c'est comme cette histoire entre Carlo le salaud et Momina. Africaine aussi a besoin de beaucoup tendresses quand elle passe trois mois en Ethiopie loin de son Amour.
Alice : - Forcément !
Diane : - Non pas forcément ! Quand on t'embrasse en murmurant « *tout va bien se passer* », on ne se lance pas dans la danse du vagin à l'aéroport.

Alice : - Je répondais à Odette !
Estelle : - La danse du vagin, je réutiliserai !
Odette : - Et pour ses premières parties, en ce temps-là, il trouvait toujours des fils ou des filles à papa prêts à lui refiler de l'oseille pour obtenir l'immense honneur de figurer sur la même affiche. L'oseille c'est une image. Madame tient les cordons de la bourse. La bourse du ménage et la bourse des voyages.
Alice : - T'exagères ! Il a la main sur le cœur !
Odette : - Mais le moteur de sa vie est ailleurs.
Alice : - T'exagères ! J'ai déjà entendu une chanteuse enthousiaste, elle jurait que faire la première partie de Frédéric, c'est extra, il donne des super conseils.
Odette : - Sûrement une qui avait ses raisons de parler ainsi ! Elle pourra écrire un livre aussi !
Diane : - Mais j'ai rien compris à ton histoire. Tu devais nous expliquer pourquoi nous sommes là !
Odette : - J'y viens, j'y viens, mais sans l'historique, tu vas rien piger ma vieille.
Diane : - Je pourrais être ta fille !
Odette : - Sois pas désagréable !
Alice : - Forcément !
Odette : - Odette comprend tout ! Tout !
Brigitte, *doucement* : - Frédéric…
Odette : - Oui, Frédérico était encore un chanteur à disques d'or en ce temps-là.
Brigitte : - Il l'est encore ! J'ai lu dans…
Odette : - Si vous m'interrompez à chaque fois, les portes vont se refermer.
Toutes : - On t'écoute !
Odette : - C'est Jef, (*elle se signe*) paix à son âme s'il en avait une, ce vieux roudoudou ! C'est lui qui lui a soufflé

« *Tu devrais sélectionner des fans plutôt que des chanteuses.* » (*elle sourit*)
Diane : - Alors ? On voudrait rire aussi !
Odette : - Les fans sont encore plus connes que les chanteuses.
Brigitte : - Ça ne nous fait pas rire.
Odette : - Qu'il a répondu Frédéric.
Alice : - Le con !
Estelle : - Je ne suis pas fan !
Odette : - C'est notre Frédéric adoré, qui a répondu « *les fans sont encore plus connes que les chanteuses.* » Je vous rassure, il me considère moins secrétaire que fan.
Alice : - Tu ne lui as jamais mis trois claques ?
Odette : - Il les a eues... (*Odette devient sombre*) Mais rien, là vous ne saurez rien, vous ne saurez rien de ma vie privée. C'est entre lui et moi, cette histoire, c'est ma vie privée (*proche de pleurer, silence*). Sa première guitare, vous pouvez regarder le mur, vous ne la verrez pas !... Je la lui ai fracassée sur la tête. Celle-là, c'est même pas la deuxième. La deuxième, c'est sa femme qui s'en est chargée. Tête à guitares qu'on l'a appelé pendant des mois ! Il l'avait bien mérité.
Alice : - Le con !
Odette, *se reprenant* : - Mais c'était y'a si longtemps ! Ha ! J'avais quinze ans ! Ha ! J'étais si jeune et si naïve. Y'a contraception (*troublée*), conscription, prescription. Il lui reste une cicatrice sur la tête. J'ai frappé plus fort que sa femme. Il n'avait pas encore de moumoute !
Alice : - Quoi, Frédéric est chauve ! Il a une perruque !
Estelle : - Il m'intéresse déjà moins !
Odette : - Les portes vont se refermer !
Brigitte : - Frédéric a dit...

Odette : - Et l'année dernière, à l'enterrement de Jef, il m'a bredouillé. Il avait la larme à l'œil... Je suis certaine qu'il avait coupé des oignons avant ! C'est bien son style !
Alice : - Forcément !
Diane : - Forcément ! On dirait Momina et son « D'accord » ! D'accord à tout, tu m'appelles princesse je te crois, alors d'accord serre-moi dans tes bras, embrasse-moi à l'italienne, tu m'appelles mon amie, d'accord, et tu deviens mon amimour. Viens t'allonger dans mon lit, c'est plus agréable pour parler ! D'accord ! Ne dis rien à Diane, elle ne pourrait pas comprendre que tu es fidèle à l'Amour en vivant notre belle histoire. D'accord ! Salauds d'humains, va ! Donner sa confiance, c'est donner le couteau pour être poignardé dans le dos. Excusez-moi, je vais pas bien, je crois. Continue Odette...
Brigitte : - L'enterrement...
Odette : - Il m'a bredouillé : « *c'est con, tu vois, j'ai pas eu le temps, j'ai pas eu le temps de lui dire que son idée de sélectionner des fans plutôt que de la chair à sacem, son idée, à lui, à lui qui ne sera plus là pour me couvrir devant ma femme, son idée géniale, j'en ai touché trois mots au président du Conseil Régional, et il nous subventionne, forcément ! Tu te rends compte, il saura jamais que son idée, le monde entier va la connaître...* »
Alice : - Mais c'était pas le règlement, sélectionner des femmes ! Les hommes pouvaient participer.
Estelle : - Les hommes manquent c'est un fait ! Y'a même pas un gardien ! Ni un serveur !
Diane : - Y'a même eu un tirage au sort devant les caméras.
Odette : - Si vous croyez les règlements et les films, vous êtes mal parties les filles.
Diane : - Magouilles ici comme partout.

Alice : - Forcément ! Si je vous racontais comment ça se passe dans mon groupe !

Odette : - C'est moi qui tenais le caméscope ! Et sa fille a réalisé le montage, les coupures et tout, elle suit des études de cinéma, sa fille aînée, dans l'école la plus chère du pays forcément ! Et la télévision a été bien contente de pouvoir passer un reportage sans devoir se déplacer ! Et même gratuitement ! Enfin, quel beau voyage ils m'offrent en Martinique le mois prochain !

Brigitte : - Tu m'emmènes ?

Odette : - J'ai trois places... Tu me donnes combien ?

Brigitte : - Tu as des places gratuites et tu les revends !

Odette : - Forcément ! N'est-ce pas Alice, tout le monde se débrouille, forcément !

Alice : - Y'a eu de la magouille alors !?

Odette : - Une stagiaire s'est coltinée le premier tri : les hommes d'un côté, les femmes de l'autre. Après il a fallu que je regarde toutes les photos pour ne retenir finalement que des « *magnifiques femmes dont le prénom commence par les cinq premières lettres de l'alphabet.* »

Alice : - A comme Alice !

Brigitte : - B comme Brigitte !

Diane : - Et pourquoi ?

Odette : - A cause de sa mémoire ! Alice j'y glisse, Brigitte me prend la... *(pouffe de rire)*

Diane : - C'était une rime pauvre ? *(toutes rient sauf Brigitte vexée)*

Estelle : - Si Estelle tient la chandelle, je mets le feu !

Alice : - Alors c'est vrai, quand il chante, il utilise un prompteur ?

Odette : - Comment tu sais ça, toi ?

Alice : - Tu me l'as glissé tout à l'heure... Juste après avoir glissé ! On glisse beaucoup !
Odette : - Pas possible ! Quand Odette est saoule, elle se souvient de tout, à la virgule près. Et elle s'en souvient même après, alors elle s'enferme pendant quinze jours pour ne pas voir les catastrophes.
Alice : - Quand tu étais à jeun, quand je suis arrivée.
Odette : - Je ne suis pas responsable des propos d'Odette à jeun. Même pas coupable.
Diane : - Alors nous avons été choisies pour notre prénom et notre physique !
Odette : - Tu as tout compris ma belle !
Alice : - C'est plutôt un beau compliment, finalement.
Diane : - Dire que ma mère a hésité entre Diane et Rosalie !
Brigitte : - Oh ! Si mon mari savait ça ! Lui qui a envoyé une photo retouchée par Photoshop et noté uniquement des chansons de Frédéric dans son classement des plus belles chansons du millénaire ! J'avais même corrigé ses fautes !
Alice : - Attends, attends, je commence à comprendre...
Brigitte : - Tu comprends quoi ?
Alice : - Nous étions convoquées à vingt minutes d'intervalle !
Odette : - Cinq minutes de présentation et le reste, déshabillage et rhabillage compris, le reste tient en un quart d'heure. Chrono en main, on a répété !
Toutes : - Oh !
Odette : - Après, ouste dans la salle de répétitions, au piano si tu veux, la pièce est insonorisée, place à la suivante ! Comme au service militaire !
Alice : - Le vieux roudoudou !

Brigitte : - Je suis choquée ! Comment a-t-il pu croire ! J'ai beau être fan, je sais rester digne ! Il me déçoit.

Estelle : - Je suis choquée aussi !... du peu de temps qu'il souhaitait m'accorder ! J'aime les préliminaires...

Diane : - Pas de chance pour lui je préfère les filles ! Mais bon pour faire payer à Momina de s'être tapé Carlo, pourquoi pas après tout ! 20 minutes aussi je croyais quand elle m'a avoué « *on s'est laissés submerger un soir.* » Mais c'était la version une, aujourd'hui on en est à quatre nuits passées entièrement nue dans son pieu et « *je lui ai bien rendu sa tendresse, ses caresses.* »

Alice : - Pauvre Diane ! Un mec aussi m'a fait ça... La dignité doit être rare, tout finit peut-être en mensonges et trahisons...

Brigitte : - Démoralisez-moi pas ! Jamais je n'ai trompé mon mari et je n'en ressens aucun héroïsme, je l'Aime comme il m'Aime.

Odette : - Alice j'y glisse ! *(se retient de pouffer)* Je vous rassure, il avait prévu sa boîte de Viagra !

Toutes : - Oh !

Diane : - Heureusement qu'il y a du floc pour oublier ! Et elle voudrait que j'arrête l'alcool !

Alice : - Ça te fait aussi mal que si un mec t'avait trompée.

Diane : - Une Diane peut être cocue aussi !

Estelle : - C'est la vie ! On est trahi, on trahit, un partout, on repart pour un tour !

Diane : - Elle m'avait pourtant affirmé « *t'inquiète pas, tout va bien se passer* », quand elle est partie en septembre. En plus elle est revenue en décembre avec la carte de ce type dans sa poche, tu te rends compte, elle m'embrassait avec la carte de ce type dans sa poche, elle lui avait donné son téléphone d'Addis et son mail, comme une petite salope impatiente d'être invitée au restaurant, une cocotte qui veut juste que le type fasse semblant de croire quelques minutes en sa vertu et la fasse tomber dans les règles établies de la drague entre personnes soucieuses de s'afficher dignes et honnêtes.

Odette : - Une cocotte-minute !

Diane : - Je lui avais même parlé de se pacser malgré sa famille qui ne veut pas entendre parler de moi. Heureusement les frais généraux sont généreux (*elle boit*).

Alice : - Mais ça dégénère.

Diane, *en riant* : - Pourtant la nuit même les cellules grises se régénèrent !

Estelle : - Et un jour on crève ! Dire qu'en plus j'ai failli être en retard à cause d'une crevaison.

Odette : - Et ça t'aurait mise en retard !

Estelle : - J'ai appelé les renseignements mais les garagistes du coin étaient tous sur répondeur. Durant des heures, les seuls types qui se sont arrêtés me proposaient d'appeler une remorqueuse et de m'héberger la nuit. Des types vulgaires, qui ne savent même pas qu'une femme doit se mériter.

Odette : - Quand on veut conduire une voiture, il faut suivre la formation « changement de roues. » Frédéric me paye toujours le taxi, sur ça, y'a rien à lui reprocher.

Estelle : - Et c'est un camionneur qui me l'a changée. J'avais des préjugés défavorables sur les camionneurs, j'avais tort. Un gentleman : il a fait le boulot sans un mot. Un ange !

Alice : - Tu es encore aux anges, à voir !

Estelle : - Un merveilleux souvenir ! Dans ma situation, aucune femme n'aurait pu résister ! Un sourire à la

Cantona ! J'en avais les larmes aux yeux ! Quelle émotion ! Avec des petites intonations italiennes : « *si mademoiselle a cinq minutes, nous pouvons discuter paisiblement dans la cabine, bien au chaud.* » Je lui ai promis de lui envoyer une photo dédicacée de Frédéric...
Brigitte : - C'est pas clair ton histoire de roue, ça n'arrive plus, crever une roue, c'était au Moyen-Âge !
Alice : - Y'avait pas de voitures, au Moyen-âge, ma vieille.
Estelle : - Je suis une victime des manifestations estudiantines. Hier ils ont balancé des bouteilles sur les CRS.
Alice : - Alors il faut qu'on trinque !

Brigitte : - Vides, j'espère. Ils ne seraient quand même pas fous... Enfin, ils sont tellement riches les manifestants d'aujourd'hui, qu'un jour ils balanceront des bouteilles de Dom Pérignon. Juste pour narguer les journalistes stagiaires ! Et montrer qu'en France, non seulement on a les moyens de manifester, mais en plus une certaine élégance.

Alice : - C'est bizarre, j'avais eu la même idée quand les chanteurs ont manifesté contre le téléchargement gratuit de la musique sur Internet.

Brigitte : - Je me souviens. Mais j'ai oublié son nom, à ce chanteur qui tendait son joint aux CRS. Il paraît que cette photo, ça lui a rapporté un max de blé, ça a fait redécoller ses ventes, encore plus que Gainsbourg quand il avait brûlé un gros billet à la télé.

Diane : - C'est qui Gazbourg ?
Estelle : - Tu le connais pas ? Il a une fille, Charlotte...
Odette : - Frédéric aussi a réussi un super bon plan média : avec Jef, nous avions organisé une super manif.

Forcément spontanée ! On avait déplacé une de nos célèbres rencontres interprofessionnelles de la chanson française de qualité. Ils nous en avaient voulu les parigots, quand le 20 heures avait ouvert par un duplex avec le merveilleux petit village du sud-ouest « *où il y a ce soir plus de manifestants que d'habitants habituellement.* »
Diane : - Mais pourquoi ont-elles cessé, ces rencontres ? Je me souviens, j'avais vu un reportage à la télé.
Alice : - C'est écrit dans sa dernière biographie : « *le monde de la chanson regrette que ce haut lieu de la formation, de la création ait dû fermer, à cause de campagnes de presse scandaleuses, inacceptables.* »
Odette : - On nous a reproché nos subventions ! Trop d'argent dilapidé ! Ha ! qu'est-ce qu'on se prenait comme bon temps avec Jef, on s'en est payé de super vacances, vive les subventions !
Alice : - Magouilles !
Odette : - Retire ce mot, sinon je range le floc ! Le monde de la chanson a ses traditions. Et la Cour des Comptes ferait mieux…
Alice : - Je n'ai rien dit !
Diane : - Je meurs de soif ! (*elle se ressert et ressert ses compagnes*)
Estelle : - Moi aussi ! J'ai du retard à rattraper !
Odette : - Pauvre Frédéric ! Vous pourriez quand même respecter sa mémoire, arrêter de picoler cinq minutes !
Diane : - Il n'est pas mort, ton champion, juste cloîtré !
Odette : - Cloîtré, tu as trouvé le mot juste, ma belle. Elle est tellement jalouse sa femme ! Et elle a tout deviné.
Brigitte : - La pauvre !
Estelle : - La jalousie ne sert à rien ! Si on te trompe, tu trompes… énormément !

Diane : - Jalouse, je l'étais même pas. J'avais une totale confiance. Mais loin des yeux loin du cœur. Pour moi aussi, comme pour les autres. Loin des yeux près de son pieu.
Odette : - Y'avait pas besoin d'être une lumière pour comprendre. Elle est passée la semaine dernière, elle a feuilleté le dossier. Je l'avais pourtant caché. Et elle n'a pas pu se retenir de remarquer « *bizarre, quand même, cinq femmes, et des plus fraîches et mignonnes.* »
Brigitte : - Elle n'a pas regardé le reportage télé ?
Odette : - Pauvre Frédéric ! Il s'est sacrifié pour qu'elle ne le voie pas : devoir conjugal ! Il l'a honorée durant une heure comme une femme désirable.

Alice : - Elle a pourtant les moyens de se payer un peu de chirurgie esthétique !
Odette : - Au village, on la surnomme « la Jacksonnette », tellement elle est siliconée.
Alice : - C'est pourtant pas écrit dans les biographies.
Brigitte : - Mais tu crois vraiment aux biographies !
Alice : - Tu ferais mieux de raconter ta vie !
Odette : - Pauvre Frédéric ! Il doit fixer sa vallée illuminée de lampes solaires. Tout ça parce que sa Jacinthe a réussi à le persuader que briser son image de dernier romantique serait catastrophique. L'homme qui n'a aimé qu'une femme ! Et il chante les fleurs ! Jure sur le cœur qu'elle lui inspire toutes ses chansons. Comme c'est triste, une idole non maquillée !

Estelle : - Oh ! La première guitare du maître !
Alice : - C'est pas sa première guitare. Sa première, Odette la lui a fracassée sur la tête. Et elle a eu bien raison. S'il était là devant moi, il s'en prendrait une troisième.

Odette : - Alice ! je t'interdis de colporter de tels ragots, c'est sa première guitare, point à la ligne.

Brigitte : - Comme elle est belle la première guitare du maître !

Diane : - T'es sourde ou tu tiens pas l'alcool ?! C'est pas sa première guitare. Sa première, Odette la lui a fracassée sur la tête. Et elle a bien eu raison. S'il débarque, il s'en prend une autre.

Odette : - Diane ! Même toi si belle et si douce, je vais devoir te priver de floc si ça continue ! Je t'interdis de colporter de tels ragots, c'est sa première guitare, point à la ligne.

Diane : - Si j'en avais la force ! J'ai même pas réussi à lui mettre trois gifles à cette Momina qui n'a même pas pleuré en avouant ses indignités !

Rideau

Acte 3

Suite beuverie. On sonne.

Odette : - Mon Dieu ! Qui cela peut-il bien être !
Estelle : - Il en manque une, c'est donc elle !
Odette *compte* : - 1, 2, 3, 4, 5 (*elle se compte en cinquième*). Cinq, sa fille en a bien tirées cinq... au sort ! On est complet !
Estelle *compte* : - 1, 2, 3 (*elle ne se compte pas*). Trois, y'en a pas cinq de chair à Frédérico. T'as pas gagné !
Alice *à Odette*: - Cinq moins un ?
Odette : - Quatre, à quoi tu joues ?
Alice : - Tu n'as pas gagné, tu es l'hôtesse ! Avec un O comme O...
Diane : - Tocard !
Odette : - Tocard ?
Diane : - Autocar, l'autocar est arrivé sans se presser. Un autocar à roulettes. Et s'il n'en reste qu'une ce sera la dernière, et la nénette va décoller les étiquettes.
Odette : - Si j'ai tort, Diane a raison, forcément !
Alice : - Mais non, pas forcément ! bande de givrées !
Odette : - Qui va là ?

On sonne de nouveau.

Odette, *se lève, se précipite, ouvre difficilement (la porte est fermée à clé)* : - Oh ! (*elle se tient à la porte*) Monsieur le commissaire ! (*elle sort et referme la porte*)
Diane : - Il est arrivé quelque chose à Frédéric !
Alice : - Tu crois qu'ils l'ont retrouvé noyé dans le lac ?
Estelle : - Ecrasé par une de ses autruches !
Brigitte : - Si c'est ça on va passer à la télé !

Alice : - T'aurais pas honte de profiter de sa mort pour réciter ton poème au journal de TF1.

Brigitte : - J'y avais pas pensé ! Mais si les journalistes m'interrogent, je leur annonce une exclusivité mondiale.

Alice : - Du genre il m'a téléphoné hier pour me demander l'autorisation de mettre ce texte dans son prochain album !

Brigitte : - J'y avais pas pensé ! Tu travaillerais pas dans la pub ?

Diane : - C'est ce connard de Carlo qui travaille dans le marketing pour l'Union Européenne à Addis-Abeba, et il ne pouvait pas se contenter de Sophie, ouais Sophie, l'instit, il a fallu qu'il se tape une princesse black ; une blanche les jours pairs et une noire les jours impairs.

Brigitte : - Tu penses à tes histoires de… de… alors que Frédérico est peut-être raide !

Estelle : - La fidélité peut s'agrémenter d'un peu de piment ! Une aventure de temps en temps ressoude le couple !

Alice : - Enfin raide, les femmes diront devant son cercueil !…

Brigitte : - Oh !

Alice : - Bin oui, enfin raide naturellement, diront celles qui savent qu'il prenait du Viagra !

Diane : - C'est ce connard de Carlo qui prend du Viagra.

Odette rentre.

Toutes : - Alors ?

Odette : - Rien ! Juste un gendarme ! Notre Carla, pas la sœur de Carlo le salaud (*en souriant à Diane*) ni la femme de l'autre mais celle qui aurait dû être des nôtres, elle a eu un accident de voiture, juste un bras cassé mais fini pour elle la rencontre inoubliable !

Alice : - Inoubliable... A part le floc... c'est plutôt un flop !

Brigitte : - Floc, flop ! Tu as une âme de poète !

Odette : - L'escroc, pour le service il m'a demandé une petite gâterie. Je n'ai pas pu lui refuser, c'est presque mon vagin, oups mon voisin ! Il a vingt-deux ans ! Et sa femme est une amie. C'est une mode venue d'Angleterre, il paraît, les femmes mûres dévoreuses de jeunes hommes.

Estelle : - Ça manque d'hommes cette soirée ! Tu aurais pu me le présenter ! Pour une fois que je suis loin de mon mari !

Diane : - Il en a eu aussi des gâteries, son baratineur d'aéroport, alors qu'elle m'écrivait encore « *tu me manques.* » Pourtant il avait presque trois fois vingt-deux ans !

Brigitte : - Ah ! donc tout va bien, ça m'a donné une de ces peurs ! Faut que je me vide ! (*elle se lève et sort vers la porte à l'opposée de celle d'entrée*)

Diane : - En tout cas, les vieux croûtons dévoreurs de chair fraîche, ça doit être universel, pas seulement pour les fonctionnaires européens italiens en poste en Ethiopie.

Estelle : - Tu as fait vite !

Odette : - Je connais quelques trucs ! Il est jeune, il n'a pas résisté !

Alice : - Même durant ma procédure de divorce, j'aurais jamais osé être aussi directe !

Odette : - On ne peut pas lui donner tort, ni lui en vouloir. Il fut d'une tendresse touchante, pas une parole ni un geste obscène. Il sait que dans le show-biz, on a la tendresse facile.

Diane : - Comme sous le soleil d'Addis ! On va au restau et on prend le dessert jusqu'à sept heures du mat, vas-y pépère, profites-en, reprends de la figue, je suis à toi. Diane, Diane, tu me manques on écrit dans les mails mais on s'emmêle sans état d'âme.

Estelle : - Y'a des opportunités, il faudrait être folle de les louper ! Je suis une femme fidèle, amoureuse mais moderne et réaliste ! Dans certaines circonstances, les hormones ont leurs exigences.

Alice : - Revoilà la théorie « tout n'est que réactions hormonales ! » Exit conscience dignité et cohérence ! Comme tout cela serait triste si c'était vrai !

Estelle : - C'est vrai ! Il faut assumer notre condition humaine !

Diane : - Elle m'a aussi baratinée avec ses hormones.

Alice : - Alors c'est vrai, c'est un milieu guère fréquentable, le show-biz ?

Odette : - On y vieillit vite : regarde, moi, j'avais 17 ans, et je les ai plus.

Alice : - Je te rassure, ça arrive aussi chez les comptables !

Odette : - Peut-être, mais elles ne s'en aperçoivent pas !

Alice, *à Diane :* - Faut pas essayer de comprendre, Odette est gasconne.

Diane : - Franchement, ça fait au moins trois jours que j'ai arrêté d'essayer de comprendre ce qui se passe ici ! Mais j'ai bien compris qu'en Ethiopie, elle espérait vivre « *Belle du Seigneur* », qu'un vieil homme distingué lui offrirait une vie de princesse.

Alice : - Tu étais où y'a trois jours ?

Odette : - Moi, parfois, j'ai bien l'impression qu'une journée tient en trois secondes. Le contraire peut donc arriver aussi.

Diane : - À une époque on mettait le temps en bouteilles et parfois il en sortait un ogre, parfois il en sortait...

On sonne. Un bond général.

Alice : - Les blousons noirs reviennent ! Où j'ai mis ma bombe lacrymogène ? (*elle fouille dans ses poches*)
Odette : - Silence les filles, quand le chasseur arrive, les biches se cachent.
Diane, *plus bas* : - Tu es allée voir Bambi au cinéma ?
Alice : - Et on fait quoi ?
Odette : - Rassurez-vous, j'ai refermé à clé.
Estelle : - J'aurais pas dû rattraper mon retard.

Nouvelle sonnerie.

Voix féminine du dehors (*uniquement les derniers mots compréhensibles*) : - ...Ouvrez-moi !
Odette : - Sa femme ! C'est la fin du monde ! (*elle se signe, vide le fond de son verre*)
Diane : - Entre femmes, on saura se comprendre.
Alice : - Après tout, nous n'y sommes pour rien. Leurs histoires de couple ne regardent que les journaux.
Estelle : - Faut pas épouser un chanteur quand on veut un homme que pour soi. Faut même pas épouser un homme. Juste un mort !
Odette, *se lamente* : - Virée, virée sans indemnités ! Je l'avais bien pressenti, et sur qui ça va retomber, sur Bambi, sur bibi (*se frappe la tête*)... Même si elle vient avec un huissier pour m'accuser d'avoir outrepassé les termes de mon contrat, elle me paiera mes indemnités, sinon j'en ai à raconter ! Elle ne m'a jamais aimée, la garce ! J'y peux rien si son mec a un faible pour mes fesses !
Estelle : - C'est notre arme secrète !

La voix du dehors : - (*quelques mots incompréhensibles, puis*) C'est Brigitte.

Odette : - Brigitte, Brigitte ? Je ne connais pas de Brigitte.

Diane : - Elle veut nous embrouiller, c'est une ruse de Bambi, de pêcheur, de chasseur.

Alice : - Y'a des femmes chez les blousons noirs !... Deux ! B 2 !

Diane : - Touché ? Coulé ? Mais où est le plan de la bataille navale ? Si je pouvais le torpiller cet italien ! Les avions, ce sont des F16, je le sais, mon cousin...

Alice : - A 1 Alice, B 2 Brigitte !

Odette, *euphorique* : - Ah Brigitte ! Elle est sortie d'un côté, elle rentre de l'autre ! Je vous le disais bien que c'était pas sa fêlée, sa femme !

Brigitte : - ... Ouvrez, je me suis égarée...

Odette : - Je sais, je sais ! Mais j'ai quand même le temps de me lever ! Je suis en heures sups ! Je vais lui demander une prime de risques au Frédéric.

Odette se lève, titube jusqu'à la porte et ouvre finalement.
Brigitte rentre.

Brigitte : - Je suis désolée de vous avoir alarmées. J'ai dû ouvrir la porte qu'il ne fallait pas en sortant des toilettes. Je suis confuse.

Estelle : - Pourtant tu dois commencer à connaître le chemin !

Odette : - Il va me les payer mes heures sups !

Diane : - En floc !

Odette : - Je suis pas du genre à tout déballer dans les journaux ni à demander d'être choriste ! Mais l'argent du travail, c'est sacré. Toute peine mérite salaire. Combien de fois je me suis levée ce soir !

Alice : - Et n'oublie pas de facturer les descentes à la cave !

Odette : - Parfaitement ! Et comme la chaudière est lancée, la nuit sera chaude ! (*plus discrètement à Diane dont elle s'est approchée :*) ça fait bien longtemps que je n'ai pas eu envie de faire un câlin avec une femme, mais faut que je te l'avoue, depuis que tu es arrivée je suis déstabilisée, y'a un truc en toi qui m'appelle et me fait vibrer. Je ne suis pas du genre à m'échauffer rapidement mais là, tu vois, je ne vais même pas te faire la grande scène de l'amitié... je te désire...

Diane : - Si tu insistes aussi gentiment...

Odette lui caresse les cheveux, le dos...
Alice Brigitte et Estelle les observent et elles s'éloignent d'une chaise pour continuer leur conversation.

Odette : - Si nous étions seules... j'oserais même passer une main en dessous...

Diane : - Si en plus tu m'offres un séjour à la Martinique...

Odette : - Tu passes vite de l'envie d'un peu de tendresse à l'envie d'une vraie liaison... Je dis pas non, les mecs sont tellement décevants.

Diane : - Et pourtant cette conne de Momina s'est laissée entuber.

Odette : - Pense plus à elle ma belle, profite du temps présent en toute sincérité, en toute passion.

Diane : - Je me rappelle très bien, très très bien, de choses très bonnes, plus que bonnes... et je sais qu'elle m'Aime de nouveau...

Odette : - Tu vas en connaître d'autres.

Diane : - Son petit trésor excisé… et elle l'a laissé souiller, elle le regrette à peine en plus, elle sait juste marmonner « *désolée, je croyais qu'on allait se quitter, je croyais que tu ne m'aimais plus vraiment, je croyais ne plus t'aimer à ce point, je croyais qu'on allait se séparer… désolée, il m'a déstabilisée, ça ne m'était jamais arrivé, j'ai été submergée, j'avais des douleurs atroces au ventre mais j'y allais… désolée…* »

Odette : - Ma princesse. (*elle la caresse de plus en plus*)

Alice : - Je crois qu'on va terminer la soirée à trois devant des bouteilles vides.

Estelle : - Je suis désolée, même pour essayer, les femmes ne me tentent pas.

Alice : - Moi non plus !

Brigitte : - C'est dommage de se scinder comme ça. On formait un bon groupe.

Alice : - La vertu n'est pas une notion universelle.

Estelle : - La vertu, c'est toujours ce qu'on impose aux autres ! Elles ont envie, pourquoi elles se priveraient ! Mon mari ne doit pas se priver ce soir ! J'aurais dû emmener mon camionneur !

Brigitte : - Je me demande souvent quel plaisir les gens trouvent dans la trahison ?

Alice : - Si on se met à philosopher, on va finir par pleurer.

Diane : - Elle avait des choses désagréables à m'apprendre qu'elle écrivait dans ses mails.

Odette : - C'est du passé ma princesse, sois dans l'instant présent, vis ce moment privilégié avec passion.

Diane : - Il l'appelait princesse et elle a passé quatre nuits nue dans son pieu à cet étalon italien. Au moins. Sûrement

plus. Et à sept heures du matin, avant d'aller occuper son poste d'inutile privilégié buvant le sang de l'Afrique, il descendait sa simili escort girl chez elle, et la cocotte s'empressait de m'écrire un mail anodin.
Odette : - Sois dans l'instant présent.
Diane : - Elle a même envisagé de faire sa vie avec, durant quelques jours. Mais pour lui, elle n'était qu'une aventure de passage, une couleur locale à consommer, et elle aurait voulu qu'il reste son ami de cœur, et en plus me l'imposer. Ami de cœur, elle a osé m'écrire depuis !
Odette : - C'est fini tout cela, on s'est rencontrées et le monde s'est éclairci.

Brigitte : - Et si on chantait.
Alice : - Allez, sors ton merveilleux poème destiné au prochain album de Frédérico rococo.
Brigitte : - Tu crois que je peux oser ?
Estelle : - Faut chanter au pays de la chanson gnangnan !
Alice : - T'aimes pas ses chansons ?
Estelle : - Je suis venue pour l'aventure, pour le fun, pas pour les ritournelles !
Alice : - On aura au moins fini la soirée dignement.
Brigitte : - Oui, tu as raison, la dignité est de notre côté (*elle sort une feuille, la pose entre Alice et Estelle*) tenez, je la connais par cœur.

Elles entonnent, le plus mal possible, « Qu'une fois »…

On parle de l'Amour
Qui ne serait plus
Qu'une vulgaire chasse à courre
Un jeu pratiqué nu
On joue à l'amour

On dit grand amour
Quand on a trop bu
Ou qu'on reste plus d'huit jours
En étant convaincu
Que c'est pour toujours

(Odette se lève, tend la main droite à Diane qui la prend, se lève aussi, elles sortent main dans la main durant le refrain)

Mais les rues sont pleines
De gens qui comme moi
N'ont dit qu'une fois
« Tu sais, je t'aime »

Rideau – FIN

Un lotois : http://www.jeangabrielperboyre.fr

Pour six comédiennes :

Deuxième pièce :

Ça magouille aux assurances

Comédie en trois actes
(le troisième, plus dramatique, est facultatif)

Histoire :
En ce temps-là, au début des années 1990, le tabac régnait dans la société française. Néanmoins, Clara, la cafetière (la veuve de Jojo), avait accordé une salle aux non-fumeurs, utilisée uniquement par des femmes. Une seule table avec Françoise, Pierrette, Jeanne et Jocelyne. Quatre veuves. Mais la première part désormais avant 8 heures. Pourquoi ? Mystère ! Et elle est remplacée par Claude, « *une brave fille.* »
Un jour d'anniversaire, Françoise avoue ses grands secrets. Mais Claude n'était pas là par hasard, elle attendait sa confidence.
Claude est inspectrice des assurances, en mission, en recherche de preuves dans des arnaques aux fausses déclarations.

Personnages :
Quatre joueuses de belote, d'une cinquantaine d'années : Françoise, Pierrette, Jeanne, Jocelyne.
La cafetière, Clara, d'âge proche.
Claude, plus jeune, remplace Françoise, à 8 heures.

Acte 1

Scène 1

Françoise, Pierrette, Jeanne, Jocelyne. Puis Clara et Claude.

Une pièce non-fumeur à l'étage, isolée, d'un café. Trois tables. A l'une quatre femmes jouent à la belote, abattent les dernières cartes d'une partie.

Françoise, *de dos* : - Faut que j'y aille.
Pierrette : - Eh la Françoise, tu vas pas encore nous abandonner. Il est même pas huit heures.
Françoise : - Eh ! J'ai promis. J'ai promis de rentrer à huit heures moins le quart et j'ai pas une fusée. (*Elle se lève*) Vous trouverez bien un agréable monsieur préférant les feuilles de Prévert à celles du tabac.
Jeanne : - En descendant, demande au moins à Clara, qu'elle nous remette une tournée…
Françoise : - Et je vous l'offre, la tournée.
Jeanne : - T'as fait une bonne affaire, la Françoise ?...
Jocelyne : - Oh !… quand la Françoise sourit comme ça !... Il faudra que tu nous racontes ça.
Françoise : - Un jour j'écrirai mes mémoires, je te l'ai déjà dit !... Elles seront publiées comme des confessions, pour la postérité, quand j'aurai quitté ce bas monde… (*elle s'en va*)
Pierrette, *lui criant* : - Et n'oublie pas de demander à Clara qu'elle nous dégote un non-fumeur sachant jouer à la belote... Si tu as le temps, il n'est pas comme le train, il t'attendra ! (*aux autres :*) elle ne rate jamais l'occasion de nous placer un peu de littérature… elle a changé la Françoise…
Jeanne : - Ça tu l'as dit !

Jocelyne : - Un sacré numéro !
Pierrette : - Ça cache quelque chose, pardi !... Et le jour où le paquet de clopes coûtera plus cher que le kilo de gigot, les fumeurs viendront jouer ici. Un non-fumeur, ça devrait se trouver quand même, chez Clara..
Jeanne : - Pas sûr !
Pierrette : - Quel malheur qu'à part nous, les femmes du quartier pensent qu'une femme franchissant les portes d'un bistrot est une femme perdue ! Faut que ça change !
Jeanne : - Le jour où Pierrette sera au gouvernement, c'est la révolution ! Chez les buralistes et les assureurs, les deux plus grands voleurs du pays. Révolution ! On les met sur la paille, les profiteurs ! Et les misogynes à Cayenne !
Pierrette : - Clara va monter avec ses trois digestifs, si elle n'a personne pour taper encore quelques parties, on va lui prétendre que le gouvernement a annoncé qu'il allait doubler le prix des clopes, ça nous fera une bonne discussion, un bon quart d'heure.
Jeanne : - Faut avancer un chiffre réaliste, doubler, elle n'y croira pas. 20%, ça peut bien l'énerver.
Jocelyne : - Ah cette Clara ! Quelle santé ! Quand elle s'énerve, il faudrait la filmer ! (*entre Clara, très dynamique*)
Clara : - Clara quand elle s'énerve ! Vous avez déjà vu Clara s'énerver, les trois mousqueteuses ? et même révolutionnettes (*Clara est suivie de Claude*). Et je vous ai capturé la buse rare. Elle va vous plumer, les dindonnettes !
Jocelyne : - Dindonnettes abreuvées uniquement aux digestifs made in France ! Dindonnettes que tu n'auras pas pour ton Noël, madame la gastronome !
Clara : - Elle accepte de jouer dans une salle non-fumeur. Eh oui, fini le temps où vous pouviez me mettre le couteau

de l'amitié sous la gorge, avec votre « offre-nous une tournée Clara, nous sommes les seules femmes du bistrot ! »

Pierrette : - Le couteau de l'amitié ! Tu as pris des cours de poésie chez l'Antonin !

Clara, *se tournant vers Claude*: - J'espère que c'est par bonté pour des âmes perdues, que mademoiselle s'avère être une noble fumeuse, sachant apprécier les vrais bonheurs, les vraies saveurs, le sel et le poivre de la vie.

Claude : - Je n'ai jamais fumé. La santé est mon seul vrai capital.

Clara : - La santé ! Opposer tabac et santé ! Pfou ! J'ai toujours fumé et j'ai l'air malade ?

Jocelyne : - Hé Clara, la santé faut la protéger. Mademoiselle a raison : la santé est notre seul vrai capital. Il faut donner des droits aux non-fumeurs.

Clara : - Comme le disait si bien mon cher Jojo : on ne vous fait pas payer la fumée ! On vous l'offre ! Je vous ai en plus donné une salle, et même chauffée ! Vous voudriez en plus le serveur sur vos genoux ?

Jocelyne : - Tu devrais pas le laisser fumer comme ça, ce n'est qu'un gamin.

Clara : - Un gamin ? Tu l'as pas bien regardé ! Il pourrait sûrement t'en apprendre !

Jocelyne : - Je regarde plus haut que toi ! Pense à ses poumons !

Clara : - J'ai roulé mon premier gris à 12 ans. Tu vois bien que le tabac ça conserve.

Jocelyne : - Ça conserve les sardines en boîtes !

Clara : - Avec des sardines comme toi, le port de Marseille n'est pas prêt d'être bouché !

Pierrette : - Le vent tourne, Clara, bientôt les fumeurs devront respecter notre droit à vivre sans fumée.

Clara : - Sans fumée ! Est-ce qu'on a déjà entendu ça ! Ah la la ! Ruinée, je vous dis, ruinée, ils veulent nous ruiner... Allez, je fais les présentations, Claude.
Claude : - Non-fumeuse !
Pierrette : - Pierrette, Pierrette la pipelette, non-fumeuse.
(*elles se serrent la main*)
Jeanne : - Jeanne, Jeannette aime la fête, non-fumeuse.
(*idem*)
Jocelyne : - Jocelyne parfois Joce, toujours et définitivement non-fumeuse. (*idem*)
Clara : - Heureusement que vous vous rattrapez sur les fines ! Mais si ce gouvernement continue à voler nos clients, je passe les digestifs au prix de la truffe du Périgord.
Jeanne : - Hé Clara, tu devrais faire de la politique, ça c'est un slogan ! Tu devrais publier un recueil de tes plus belles répliques, je les achèterai tes brèves de comptoir !
Clara : - A la retraite, promis ! Ma p'tite sœur a déjà déposé à la Bibliothèque Nationale le titre des siennes, de mémoires.
Jeanne : - Et qu'est-ce qu'elle devient l'Odette ? Toujours dans l'ombre d'Antonin ?
Clara : - Bah, elle délire toujours aussi grave ! Elle exagère un peu sur les p'tites pilules mais elle reste adorable. On dirait que le temps n'a aucun effet sur elle.
Pierrette : - Elle a une belle vie...
Clara : - Si on veut ! Je n'échangerais pas ma vie avec la sienne.
Pierrette : - Etre l'amante d'Antonin procure quand même bien des avantages.
Clara : - Sûr que les beaux voyages, elle connaît. Mais elle a quand même sacrifié sa vie pour lui.
Pierrette : - Puisqu'on est entre nous : c'est vrai tout

c'qu'on raconte à leur sujet ? Il l'a vraiment mise enceinte quand elle avait treize ans ?
Clara : - Ah les ragots ! Je suis vaccinée ! Même si on raconte n'importe quoi, laisse dire ! C'est la philosophie d'Odette, c'est devenu la mienne.
Pierrette : - Comme on dit, y'a pas de fumée sans feu ! Le show-biz est quand même un milieu spécial. On en rêve toutes mais je ne sais si elles sont plus heureuses que nous, les Odette et compagnie.
Clara : - Allez, vous n'avez qu'à crier quand vous aurez soif ! (*en sortant :*) Les fumeurs me réclament ! Et le public sachant offrir un cigare contre une rime majeure.
Pierrette : - Tu préfères pas un bisou du serveur ?
Clara, *déjà sortie* : - Oh les jalouses !… C'est une mode venue d'Angleterre, les femmes mûres dévoreuses de gamins… et il aime la fumée…
Jocelyne : - Je n'ai rien dit. Mais entre nous, l'Odette, je l'ai croisée à l'aéroport y'a même pas quinze jours et elle a fait comme si elle ne me connaissait pas.
Pierrette : - Ça t'étonne ! Elle est fière comme si elle écrivait les tubes de l'Antonin. C'est sûr qu'elle doit souvent tenir son stylo et être bien imbibée de son encre…
Jocelyne : - C'est surtout qu'elle était main dans la main et se bécotait jusqu'à l'indécence avec une jeune femme, « *ma princesse* » qu'elle l'appelait…
Pierrette : - C'est ça le show-biz !

Scène 2

Les quatre mêmes qu'au début de la scène 1.

Pierrette : - J'espère que Claude sera là.
Jeanne : - C'est une sacrée joueuse.

Jocelyne : - Et une brave fille... même si elle ne sait pas ce que c'est qu'être veuve !
Claude entre avec cinq fines sur un plateau.
Françoise : - Hé ! quand on parle de la suivante.
Pierrette : - Dis pas que séduire sa tante te tente !
Jeanne, *à Claude :* - Clara t'a embauchée ?
Claude : - Elle vient d'arrêter sa télé, on y annonce une hausse de 10% des clopes, alors en plus elle ne pouvait pas venir vous affronter !
Pierrette : - Ah ! c'est l'interdiction pure et simple dans les lieux publics et les bureaux, qu'il faudrait prononcer. Mais aussi les salles de spectacles, les discothèques. Dans quel état seront ces jeunes à quarante ans ?
Jeanne : - N'en demande pas trop ! Tu sais bien que jamais ça n'arrivera, la régie est nationale, l'Etat ne va pas se priver de son petit commerce.
Jocelyne : - Ce sera comme l'école, l'Etat reculera dès qu'il y aura quelques manifestants dans les rues.
Pierrette : - Et les malades, tu crois pas que ça lui coûte à l'Etat ?
Jocelyne : - Bah, celui qui se chope le cancer, on peut pas dire qu'il coûte cher, ils font bien semblant de le soigner, tu as vu mon père, c'est pour ça que je me suis arrêtée de cloper, on va pas me faire croire que le tabac n'y était pour rien, que c'était le destin.
Jeanne : - Ils peuvent nous donner la retraite à 60 ans, si on s'engage à crever d'un cancer à 59 ! Nos conditions de travail, si on en parlait ! Ces maudits chefs avec leur clope et il faut se taire !
Jocelyne : - Tabagisme passif, on appelle cela ! C'est presque aussi grave que de l'avoir au bec ! De l'assassinat, je dis moi. Mais on est quoi, face à ces messieurs ?!
Françoise : - Ah, tu m'en as monté une pour le voyage !

Pierrette : - Il va bien falloir que tu nous racontes où tu vas tous les dimanches à huit heures.
Françoise : - Si on vous le demande, répondez que j'ai rendez-vous avec l'Antonin !
Jocelyne : - Regardez-le en vrai, plutôt que dans votre télé, et vous verrez un homme sans intérêt et même sans charme.
Jeanne : - Ah ! Il n'a pas le charme de ton Carlo !
Pierrette : - Et tu crois que dans l'aéroport d'Addis-Abeba, tu l'as vu avec des yeux objectifs, ton Don Juan ?
Jocelyne : - Je ne raconterai plus rien !
Pierrette : - On ne va pas te reprocher ta sincérité ! Mais laisse-nous le droit de te taquiner !
Jocelyne : - Au fait, il m'a réécrit ! Sa Momina, il a passé quatre nuits avec elle.
Pierrette : - Ça t'étonne ! Une femme qui a le culot d'écrire « *je n'ai aucune raison de tromper mon copain mais si l'on se revoit je suis en danger* », on sait bien ce qu'elle veut.
Jocelyne : - Mais elle a rapidement eu des prétentions : elle voulait la bague au doigt et le gosse dans le ventre.

Pierrette : - Encore une folle ! Elle accepte le rôle de la cocotte et voudrait qu'on la respecte !
Françoise : - Vos confidences m'intéressent mais pas suffisamment pour me retenir !
Pierrette : - En tout cas, il faut qu'on sache quel bel homme a une femme qui part tous les dimanches à huit heures.
Françoise : - Ah !... (*elle vide son Grand-Marnier d'un trait et sort*) salutas les amies.
Pierrette, *en attendant qu'elle ait descendu l'escalier* : - Elle nous cache des choses la Françoise ! Vous voulez savoir où elle va ?

Jeanne : - Eh ! tu le sais toi ?... et tu ne nous as toujours rien raconté !
Pierrette : - Tu sais que mon neveu travaille à la gare.
Jeanne : - La Françoise lève un minet tous les dimanches à la gare !?
Pierrette : - Si tu m'interrompais pas, tu saurais plus vite ! La Françoise elle prend le train !
Jeanne : - Ça nous dit pas où elle va.
Pierrette : - Mais elle ne revient que le jeudi soir.
Jeanne : - Oh quelle histoire ! Mais ça ne dit pas où elle va.
Pierrette : - Et tu crois qu'avec un neveu chef de gare, je ne le saurais pas ?
Jocelyne : - Il est chef de gare, ce blanc bec ?
Pierrette : - Pas encore mais ça va venir, il en a déjà toutes les responsabilités. Alors la Françoise, elle a une deuxième vie ! Elle s'est acheté une magnifique propriété près de la gare de Castel !
Jeanne : - Oh !... et avec quel pognon ?
Pierrette : - J'ai trouvé le début, c'est à vous de dénicher les autres pièces du puzzle.
Jocelyne : - C'est simple : six bons numéros au loto, y'a que ça pour devenir riche sans magouiller. Puisqu'elle n'est pas chanteuse !

Scène 3

Les quatre mêmes que la scène 1, bien éméchées. Plus Claude assise derrière Françoise.

Pierrette : - Allez Françoise, tu passes à table ce soir, tu vides ton garde-manger, maintenant qu'on sait toutes que tu as une résidence secondaire à Castel, va falloir nous expliquer comment tu as manigancé !

Françoise : - Que j'ai quoi !?
Jeanne : - Allez, c'est un secret de polichinelle, le dimanche à 8h25, tu prends le train !
Françoise : - On m'espionne ou quoi ? C'est le KGB ?
Jeanne : - Tout le pays le sait !
Françoise : - Eh alors ! je peux prendre le train quand il me plait ! Je n'ai aucune autorisation à demander à tartempion ni Big Brother. Je suis une femme libre, mon amie ! Je n'ai même jamais adhéré à un parti politique ni à un syndicat !
Pierrette : - Ne t'énerve pas Françoise, et après tu mets tes pieds dans ton salon tout luxe, t'as même arrêté de travailler.
Françoise : - Eh ! à mon âge, on a droit à la préretraite !
Jocelyne : - La préretraite à ton âge ! On n'est pas en Suède !
Jeanne : - De toute manière, quand on prend sa préretraite, on paye une fine aux amies !
Pierrette : - Ça c'est vrai ! Tu nous en dois une, de cuite !
Jeanne : - Allez, Françoise, tu me le dois ! C'est mon anniversaire, alors comme cadeau, je te demande juste de raconter... où tu l'as trouvé, le pognon, mon amie ?
Françoise, *sourit :* - Allez, on est entre nous... Mais c'est un secret... ça reste entre nous... promettez !
Tous : - Promis Françoise !
Françoise : - Vous vous souvenez de ma Mercedes avec ce boulet de crédit que je pouvais pas rembourser ?
Pierrette : - Hé, on a tous compris que tu l'avais noyée dans la rivière pour toucher les assurances.
Françoise : - Bien mieux ! l'assurance me l'a payée mais je l'avais revendue en Hongrie !
Pierrette : - Hé pardi, c'est un bon plan, t'aurais pas pu m'en parler avant, tu connais un passeur honnête ?

Françoise : - 60 - 40, pas génial, mais sur une Mercedes neuve !
Jocelyne : - Ça te fait pas le prix d'une résidence secondaire à Castel.
Françoise : - Ah ! (*elle sourit*)
Jeanne : - Je suis certaine maintenant que tu as eu une idée de génie. Allez, raconte, mon amie.
Françoise : - On peut le dire ! Quand ma mère est morte, vous avez respecté mon deuil, vous n'avez pas posé de questions. Elle est morte d'une belle mort, elle a pris son café comme tous les matins, elle m'a regardé et elle a simplement murmuré *je meurs*, et elle est morte, presque en souriant. (*silence respecté par toutes en attente de la suite*) Une attaque. Le docteur m'avait prévenue que ça pouvait arriver. Le temps du choc passé, une idée de génie m'a traversé l'esprit, comme si Dieu en personne, au moins Saint Pierre, me l'avait dictée. Il m'a montré le contrat d'assurance, mon archange Gabriel. Alors je l'ai portée dans la voiture, j'ai eu la suée de ma vie mais c'était comme si Dieu en personne me soutenait, comme si j'avais les forces d'Arnold Schwarzenegger, et hop, un p'tit accident. Comme elle avait une autorisation médicale de ne pas attacher sa ceinture, le pactole par les assurances. (*silence émerveillé, on sent une nervosité chez Claude*) Quand tu meurs dans ton lit, pas un centime, dans une voiture, beau pactole, l'idéal, c'aurait été de l'embarquer dans un avion en sachant qu'il allait s'écraser. (*silence*)
Pierrette : - De toute façon elle était morte, t'as eu l'idée, t'aurais eu tort de ne pas en profiter.
Jeanne : - Mais t'aurais quand même pu nous payer une fine !

Françoise : - Ça ne sort pas d'ici... Oups 8 heures 2, j'y cours... (*se lève et sort en vitesse*)
Jocelyne : - Faudra nous inviter...

Pierrette : - Sacrée Françoise !
Jeanne : - Sacrée bonne femme, encore plus maline que je le croyais.
Jocelyne : - Ouais, ça c'est une femme libre ! Jamais elle n'a donné une enveloppe au député, elle a toujours su se débrouiller toute seule !
Pierrette : - C'est pas honnête, mais t'en connais, toi, des riches aux mains propres ?...
Jocelyne : - Six bons numéros au loto, y'a que ça.
Jeanne : - Moi je dis, quand on a une idée de génie comme elle a eu, il faut la jouer à fond. Et on ne va quand même pas s'arrêter à cause de leur morale, à ces notables dont les parents sont devenus riches avec le marché noir.
Jocelyne : - Les pires ce sont ces députés et leur enveloppe pour un permis de construire, pour faire sauter un PV, exempter un gosse du service militaire, comme s'ils ne gagnaient déjà pas trop avec l'argent de nos impôts !
Jeanne, *hurlant* : - Clara ! Une tournée !

Rideau

Acte 2

Claude puis Françoise.
Le bureau de Claude Duglaner, inspectrice chargée de contrôles aux Assurances. Un bureau type de petit chef dans les assurances. Elle est assise dans un grand fauteuil et devant le bureau deux petites chaises.

Claude, *au téléphone :* - Bien, laissez-la patienter quelques minutes. (*elle raccroche*)

Claude : - Ah ! Je m'y étais pourtant habituée à ces parties de belote. Mon plus grand plaisir de la semaine. Mais nous ne sommes pas sur terre pour le plaisir ! Et les augmentations passent par des résultats. Ah ! si je n'avais même qu'un pour cent de tout ce que l'on va récupérer ! Mais pas d'intéressement... nous devons travailler consciencieusement pour le bien de la société.

Enfin, après une telle réussite, ils accepteront enfin ma mutation sur la côte d'Azur... Ah la côte d'Azur ! Enfin, il est peut-être encore temps pour réussir ma vie, avoir une vraie vie mondaine... Je veux une augmentation, je veux une mutation, une prime de Noël, il me faut des résultats. Comme un homme !

(*elle prend son téléphone*)

Claude : - Nadège, faites entrer madame.

> *Tandis que la porte s'ouvre, Claude tourne son fauteuil afin d'être dos à l'arrivante.*

Françoise entre timidement. La porte se referme derrière elle. Françoise observe, se doute d'une présence dans le fauteuil.

Françoise : - Vous m'avez convoquée, je suis là.

> *Le fauteuil tourne...*

Françoise : - Oh Claudia ! Qu'est-ce que tu fous là !
Claude : - Claude Duglaner, responsable du service contentieux.
Françoise : - Et tu avais besoin de me faire perdre mon mercredi pour me parler, ça ne pouvait pas attendre dimanche. Et qu'est-ce que tu manigances dans ce bureau de messieurs ?
Claude : - L'heure est grave.
Françoise : - L'heure ?
Claude : - Soit vous rendez l'argent détourné via de fausses déclarations, soit nous devons déposer plainte au tribunal, et dans cette hypothèse regrettable de non coopération, nous demanderons des dommages et intérêts exemplaires.
Françoise : - Hé Claudia, non seulement tu nous as caché ton véritable boulot mais en plus on t'a raconté des salades et tu les as crues. (*en souriant* :) Ta salade *crute* est trop cuite !
Claude : - J'ai préparé les documents de renonciation. Il vous suffit de les parapher et nous signer un chèque du montant. (*elle avance la feuille*)
Françoise, *la regardant* : - Mais tu es folle !
Claude : - Une Mercedes et une assurance accident. C'est le montant que vous avez touché.
Françoise : - Mais tu es folle ! j'ai payé mes cotisations, j'ai eu la malchance qu'on me vole ma Mercedes et de perdre ma mère.
Claude : - Madame Caferré.
Françoise : - Tu peux m'appeler Françoise. Ou madame veuve Caferré. Hé Claudia ! tu joues à quoi ?
Claude, *appuie sur le magnéto présent sur son bureau et on entend* : "Le temps du choc passé, une idée de génie m'a traversé l'esprit, comme si Dieu en personne, au

moins Saint Pierre, me l'avait dictée. Il m'a montré le contrat d'assurance, mon archange Gabriel. Alors je l'ai portée dans la voiture, j'ai eu la suée de ma vie mais c'était comme si Dieu en personne me soutenait, comme si j'avais les forces d'Arnold Schwarzenegger, et hop, un p'tit accident. Comme elle avait une autorisation médicale de ne pas attacher sa ceinture, le pactole par les assurances. "

Françoise : - Tu as payé une imitatrice mais elle m'imite très mal ! Elle ne fera pas carrière, ta pintade !
Claude : - C'est un enregistrement réalisé par une personne assermentée, moi.

Françoise pose la main droite sur le magnéto.

Claude : - Ce n'est naturellement qu'une copie audio. L'enregistrement audio et vidéo ne laisse aucun doute, il fut réalisé avec une mini caméra dernier modèle, un bijou de technologie, insérée en lieu et place de ma montre. On voit très distinctement les lèvres énoncer ces mots. La preuve de culpabilité sera validée par tout tribunal compétent.
Françoise, *abattue :* - Oh Claudia, tu m'assassines.
Claude : - Je vous demande juste de restituer les sommes illégalement perçues.
Françoise, *se reprenant :* - Alors comme ça, tu pourras vivre avec ma mort sur la conscience ! Comment pourras-tu regarder nos amies ?
Claude : - C'est ma dernière affaire ici. Après un tel résultat, ma demande de mutation sera acceptée.
Françoise : - Y'a des promotions pour les assassins, dans ta boîte,
Claude : - Soyez sérieuse, madame veuve Caferré, vous

avez été riche quelques mois, vous refermez la parenthèse et reprenez votre vie d'avant, où vous n'étiez pas malheureuse.
Françoise : - J'étais pas malheureuse car j'ignorais tout ce qu'on peut se payer avec de l'argent. Maintenant je comprends mieux les politiques, qui se battent pour une écharpe, elle leur permet de faire sauter nos PV, exempter les enfants du service militaire ou signer un permis de construire, le tout contre une petite enveloppe. Tu as déjà été riche, toi ?
Claude : - J'ai un bon salaire.
Françoise : - Moi aussi j'en avais un. Un bon salaire pour une femme, comme on dit. Mais on ne devient pas riche en travaillant ! Tu le sais bien !
Claude : - La loi c'est la loi.
Françoise : - Ta loi des installés, des capitalistes, des magouilleurs au pouvoir, elle ne s'applique qu'aux vivants ! Tu ne récupéreras pas un centime quand je serai morte. Et tant qu'un tribunal n'a pas prononcé ma condamnation, je bénéficie de la présomption d'innocence, oui madame, je peux mourir innocente ! Toutes les procédures s'arrêtent à la mort, tu dois le savoir ! Il suffit que je meurs et tes poursuites, tu te les mets où tu veux ! T'en fais des avions ! Et en plus, pas de mutation, et plus personne ne fera une belote avec toi !
Claude : - Madame veuve Caferré, signez et vous pourrez profiter paisiblement de votre retraite.
Françoise : - Plutôt mourir ! Plutôt mourir que d'y retourner, au turbin ! Je suis une femme libre, mon amie ! Celle qui n'a pas peur de mourir est libre ! Tu sais que des philosophes l'ont écrit bien avant qu'existent tes assurances !

Claude, *qui perd de sa superbe :* - Madame veuve Caferré, soyez raisonnable.

Françoise : - Allez, pour tes peines, je veux bien te donner six mois de salaire en échange de tes enregistrements. Pour que tu ne sois pas le dindon de l'affaire.

Claude : - Tentative de...

Françoise : - Tu vois, je suis raisonnable, c'est toi qui ne l'es pas ! Je préfère vivre mais s'il le faut je mourrai dignement. Sénèque s'est suicidé sans pleurer. Tu veux être mon Néron ? Tu as le grand bureau d'un homme, tu en as déjà le cœur ? Je me suis mise à la lecture et au jardinage, madame. Il n'est jamais trop tard pour se cultiver et cultiver ! L'important c'est la dignité, madame, on vit dignement et si on ne le peut pas, on meurt dignement.

Claude : - La vie, ce n'est pas de la philosophie. Et le détournement d'argent, ce n'est pas vivre dignement.

Françoise : - Qui, de ton assurance ou de moi, est le plus riche ? Qui a des comptes en Suisse ? Qui détourne de l'argent ? Et je vais t'apprendre, mon amie, dans la philosophie antique, il y avait aussi la logique : alors tu as deux possibilités ; soit je sors d'ici et je me fais écrabouiller par une voiture, alors non seulement ton patron ne récupérera jamais un centime de ce qu'il m'a payé mais en plus il paiera mon assurance-vie au fiston (*Claude est de plus en plus inquiète par la tournure des événements*). C'est pas difficile de se faire écraser, il suffit de traverser juste après un virage. Ou alors, on sort, on va chez moi, et on s'entend comme deux amies, comme de vraies femmes qui savent refuser les fausses valeurs des hommes.

Claude : - Allez Françoise, tu as essayé, je t'aime bien,

signe, ne m'oblige pas à transmettre le dossier au juge d'instruction.

Françoise, *se lève brusquement :* - Tu l'auras voulu. Mais avant de passer sous deux roues, faut que je raconte aux copines ce que tu as fait. J'aurais jamais cru ça de toi ! On t'a accueillie comme une sœur ! Je te propose même une bonne prime pour que tu n'aies pas l'impression que je profite de ton amitié ! Je sais bien que les affaires sont les affaires ! Mais puisque tu préfères perdre sur tous les tableaux ! Non seulement tu finiras ta carrière ici mais plus personne ne jouera à la belote avec toi. (*elle part, ouvre la porte*)

Claude : - Attends Françoise (*Françoise continue*). Tu as gagné Françoise.

Françoise, *se retournant et revenant juste à la porte* : - Tu disais ?

Claude : - Viens t'asseoir, on va s'arranger. Tu es vraiment un sacré numéro.

Rideau

Acte 3

(facultatif)

Une pièce légère, montrant les limites de l'honnêteté même chez le personnel féminin chargé de faire respecter la loi des assureurs, peut s'arrêter sur le "on va s'arranger" de l'acte 2.

Avec cet acte, la fin vire au sombre, au tragique.
Il s'adresse naturellement à un autre public, d'autres troupes.

L'auteur laisse ainsi un choix aux troupes ! Donnez la couleur de votre pièce. Et sa longueur.

Scène 1

Décor identique à l'acte 1.

Françoise, Pierrette, Jocelyne et Claude jouent. Atmosphère très pesante. Visages tristes, fatigués et crispés. Ils terminent une partie.
Manque donc Jeanne.

Clara, les traits très tirés, plus que fatiguée, air malade, cireux, entre et pose quatre fines sur la table. Les précédentes ne sont pas vidées.

Clara, *après avoir toussé :* - Allez les filles, je vous les offre. *(elle se retourne de nouveau pour tousser)*
Claude : - Merci Clara…
Clara : - Ah, je crois que j'ai vraiment attrapé un mauvais coup de froid.

Jocelyne : - Ça doit être ça, t'inquiète pas, ça va passer. Même le sourire de Carlo n'a pas réussi à me redynamiser.
Clara : - Ah, je crois que ça nous a toutes foutu un coup... moi c'est sur les bronches que je l'ai pris.
Jocelyne : - L'hiver est long cette année...
Clara : - Allez les filles, je vous laisse terminer (*en sortant, on l'entend encore tousser*)

Elles reprennent sans passion leur jeu. Silence.

Pierrette : - Ah ! la Clara, y'a bien qu'elle qui sait pas ce qu'elle a attrapé. L'agonie de son pauvre Jojo ne l'a même pas éloignée des clopes. Et on dirait qu'elle l'a oublié, que lui aussi ça a commencé comme ça. Et malgré ça, ça continue de fumer en bas...
Jocelyne : - N'y pense plus, profite du temps présent, vis avec passion et sincérité ces instants merveilleux, m'a répété au moins dix fois ce Carlo. Il me reprochait de ne pas sourire ! Comme si on peut sourire dans les bras d'un tel type !
Pierrette : - Pourtant tu semblais contente qu'il passe te voir avant son séjour de méditation, le monsieur.
Jocelyne : - Je ne suis pas naïve ! Si Momina lui avait offert son corps pour le week-end, il aurait préféré sa jeunesse même schizophrène que mes années même bien entretenues ! Mais elle est retournée avec son amour, vous savez, celui qu'elle n'avait pas de raison de tromper, sauf qu'elle était incapable de vivre trois mois loin de lui sans s'offrir des émotions.
Pierrette : - Tu ne l'aimes pas !
Jocelyne : - Elle n'est qu'une petite cocotte qui ne méritait pas mieux que d'être traitée comme une petite poule et lui, derrière la patine de l'homme sage, il n'y a qu'envies de manipuler les femmes pour les consommer.

Claude : - Souvent les hommes qui s'occupent à ce point de leur aspect extérieur et dont le discours est bien rôdé, ils cachent une grande noirceur à l'intérieur. J'en ai croisés.

Pierrette : - Comment as-tu pu te laisser rouler dans la farine comme une adolescente ?

Jocelyne : - C'est vrai, j'aurais dû comprendre quand après notre dialogue très amical, il a profité de l'escale au Caire pour aborder quelques jeunes femmes. Il s'est fait congédier rapidement par une blonde et s'est rabattu sur cette Momina. Et il leur a trouvé deux sièges libres pour se baratiner jusqu'à l'indécence.

Pierrette : - Tu aurais dû le mépriser après un tel affront.

Jocelyne : - Mais son mail du lendemain était tellement charmant. Puis il m'envoyait les mails de cette Momina, en me montrant bien par des p'tits commentaires spirituels qu'elle n'est qu'un jeune corps désirable. Elle lui demandait une lettre d'amour. Fais-moi jubiler un peu elle écrivait deux lignes après avoir noté « *je n'ai pas de raison de tromper mon copain mais si l'on se revoit je doute qu'on puisse rester sages.* » J'ai vraiment cru qu'il cherchait une femme mûre et sérieuse.

Pierrette : - Les femmes comme cette Momina sont plus nombreuses qu'on le croit... Si je racontais tout ce que je sais, le département serait en guerre civile !

Silence jusqu'à la dernière carte.

Françoise : - Pierrette ! C'est pas une raison pour jouer comme un pied !

Pierrette : - Allez, on pose les cartes !

Jocelyne : - T'as raison. C'est trop dur. Trop injuste. J'en confonds cœur et carreau.

Claude : - La vie est cruelle.

Jocelyne : - Et qu'est-ce qu'elle allait foutre chez sa tante, ça fait des années qu'elles se parlaient plus.
Françoise : - Hé, elle voulait que son père se réconcilie avec sa sœur avant de partir ! Il était plus bien costaud, l'Alphonse. Ça partait d'un bon sentiment.
Pierrette : - Ah ! Je vous dois la vérité.
Jocelyne : - La vérité !?
Pierrette : - Bin oui... je suis la seule à la connaître... et je sais pas si Jeannette voudrait que ses amies continuent à s'imaginer...
Claude : - Un accident stupide, comme il en arrive tant. Manque de vigilance du chauffeur sur une route familière, on pense le connaître même les yeux fermés, et boum, comme d'habitude !
Pierrette : - Si tu savais....
Jocelyne : - T'es sûre de savoir la vérité vraie, toi ?
Pierrette : - J'étais quand même sa voisine, et quand elle avait besoin d'un coup de main, c'est moi qu'elle appelait.
Jocelyne : - Mais t'étais pas sur la route !
Pierrette : - Ce maudit dimanche soir, ce maudit 7 mars, Jeannette est venue frapper à ma porte. Son père venait de mourir. Vous savez toutes qu'il avait un cancer. Et vous devinez ?
Françoise : - Oh j'en ai bien peur ! Malheur !
Pierrette : - Hé oui, elle m'a demandé de l'aider à le mettre dans la voiture. J'ai bien essayé de la persuader que c'était une bêtise. Tout le monde connaissait son état. Les assureurs sont pas aussi cons que ça. Mais elle voulait faire comme toi.
Françoise : - Aïe aïe aïe.
Pierrette : - Ouais... Elle venait de relire son contrat d'assurance, et c'est un accident qu'il fallait. Elle allait

pouvoir arrêter de travailler. Sa mère, elle avait peur. Elle la suppliait presque, elle a bien répété dix fois que j'avais peut-être raison, qu'elles allaient s'attirer des ennuis.
Jocelyne : - Mais quand elle avait une idée en tête !
Françoise : - Et elle t'a répondu "*si Françoise a réussi, je vais réussir aussi.*"
Pierrette : - Exactement. Même que sa mère, elle l'a entendue, et elle a demandé « Françoise a réussi quoi ? » et notre Jeannette a conclu « c'est un secret entre amies. Point barre ! » Je peux bien te jurer que ton secret, elle est comme nous, la Jeannette, elle l'a gardé pour elle.
Françoise : - Si je l'avais gardé pour moi !
Pierrette, *répète* : - Si Françoise a réussi, je vais réussir aussi.
Jocelyne : - Hé, je l'aurais parié.
Pierrette : - Alors sa mère, elle n'a pas voulu la laisser partir tout seule, elle a finalement marmonné que ça semblerait bizarre, si elle n'y allait pas, chez la tante. Alors, quand j'ai vu que je pouvais plus les arrêter, j'ai dit, bon, je vais rester ici, comme ça si le gosse se réveille, il sera pas tout seul. Il dormait leur gosse, il savait pas que son pépé était mort. Vous savez bien que depuis la mort de son père, il se réveille toutes les nuits en sueur, les cauchemars.
Françoise : - Aïe aïe aïe.
Jocelyne : - Et il est parti avec eux.
Pierrette : - Hé oui, sa grand-mère l'a réveillé alors que sa mère et son grand-père étaient déjà dans la voiture, devant. Ils lui ont rien raconté, pauvre gosse, juste qu'ils allaient faire une surprise à la tante Mathilde. Il voulait pas y aller. J'ai proposé une dernière fois "il peut rester ici."

Durant la réplique de Pierrette, la tête de Clara apparaît à la porte, puis elle se recule, on l'aperçoit encore mais personne parmi les joueuses ne peut la voir. Elle se retiendra plusieurs fois, difficilement, de tousser.

Claude : - Malheur.

Pierrette : - Hé oui, comme ça le gosse, si on l'interrogeait, il raconterait ce qu'il savait, ce qu'il croyait, que son pépé était mort dans l'accident parce qu'il avait oublié de boucler sa ceinture. On peut récolter un PV pour une ceinture oubliée mais l'assurance ne peut pas utiliser la faute pour ne pas payer, dixit Jeannette.

Claude : - C'est malheureusement vrai (*s'arrête net, se rendant compte de sa bévue, non remarquée, sauf par Françoise*).

Pierrette : - Et voilà, elle m'avait prévenue qu'elle allait se prendre doucement le poteau après le croisement, juste au virage, là où on l'a retrouvée le lendemain, leur voiture, mais dans la rivière.

Françoise : - Malheur, j'aurais jamais dû vous raconter.

Pierrette : - Le pire, si on peut dire, c'est que le pognon de l'assurance, un sacré pactole, car Jeannette et sa mère aussi avaient une assurance accident, maintenant il va revenir à son cousin qu'elle ne pouvait pas blairer.

Claude : - Sauf si l'assurance parvient à démontrer que le vieux était mort avant.

Pierrette : - On est quatre ici, et je ne vois pas l'une d'entre nous aller cafter aux voleurs ce qui s'est passé. C'est vrai que son cousin, il est plus con qu'un balai, il est même gendarme, tu sais.

Françoise : - Vous voulez bien me le promettre ?

Pierrette : - Quoi ?

Françoise : - De jamais essayer de m'imiter.

Jocelyne : - Comme dit cette pauvre Clara, on peut essayer de t'imiter Françoise, mais personne ne t'égalera...
Pierrette : - En tout cas, je suis vaccinée. Les assureurs sont des voleurs mais je jouerai pas au plus fin pour essayer de leur prendre une plume de leur duvet.
Jocelyne : - Si ça te rend poète ! En tout cas, Françoise, tu n'es plus celle que je souhaite égaler.
Claude : - Pourquoi, tu y avais pensé aussi ?
Jocelyne : - Hé ! si l'occasion s'était présentée... Ma mère elle n'est plus bien vigoureuse, je lui avais collé une assurance accident !
Pierrette : - J'avoue que la mienne aussi, elle en a une !
Françoise : - Vous êtes encore plus folles que moi !
Clara s'éclipse discrètement, sur la pointe des pieds.

Rideau – FIN

Pour sept comédiennes :

Sept femmes et la star

Comédie contemporaine en trois actes

Sujet : sept ravissantes femmes lauréates d'un concours leur offrant 24 heures avec leur idole, le chanteur Antonin K. Six seulement viendront.
Secrétaire de l'association organisatrice, Odette, un peu gaffeuse même à jeun, les accueille.
Arrivées programmées à la file indienne. Mais l'idole est en retard... Odette improvise, l'alcool délie les langues : show-biz comme Antonin, la réalité diffère grandement de la mise en scène médiatique...

Décor : une belle salle de réception, avec table longue ornée de fleurs, un bureau, des fauteuils, des chaises, un canapé garni de coussins ornés d'un A majuscule, trois portes, deux fenêtres dont l'une près de la porte d'entrée, une guitare sèche suspendue au mur (au-dessus du canapé)...

Personnages :

Odette : hôtesse d'accueil, la quarantaine.

Les lauréates (25 à 35 ans) par ordre d'arrivée programmé :
Aurélie, Brigitte, Cécile, Delphine, Emilie, Françoise (ne viendra pas), Géraldine : très distinguées, vêtues avec goût, arriveront avec un petit bagage.

Le chanteur moustachu et vieillissant, Antonin K, la soixantaine, ne viendra pas.

Acte 1

Odette seule dans la salle de réception. Elle marche de long en large, tout en regardant sa montre, inquiète.

Odette, *en arpentant la scène :* - Je ne marche pas par nécessité. Mais ça me calme ! Calme-toi Odette, puisque tu marches ! Tu fais tout ce qu'il faut pour recouvrer ton légendaire calme. Respire ! (*elle respire profondément*) Oui, avec le ventre, c'est bien... Zen... (*elle continue en silence à marcher, inspirer et expirer profondément.*) La première va arriver... Elle va arriver, j'en suis certaine... Tout va encore foirer et ça va retomber sur qui ? Sur ma tronche comme d'habitude... Je ne me suis quand même pas trompée de jour ? (*elle prend une chemise sur le bureau, l'ouvre...*) Ce serait une belle histoire à raconter ! (*elle sourit*) Odette panique mais elle s'était emmêlée les puceaux (*se frappe la tête*) (*précision : ce lapsus peut être retiré lors de certaines représentations, comme d'autres lapsus, si jugés incompatibles avec le public*), les pinceaux, les dates quoi !... Non, c'est bien aujourd'hui... L'arnaqueur de fleuriste a livré ce matin, donc le Jour J a enfin sonné !... J comme jouissons. Et la première va arriver. (*silence*) Mais qu'est-ce qu'il veut se prouver ! Il a tout : l'argent, la gloire, sept résidences secondaires, deux Porsche, une Ferrari, un 4x4, des vignes, des autruches, des amantes, des bisons, des enfants. Comme elles sont belles ses filles ! Pauvres petites filles riches, va ! Comme ça doit être invivable, fille de star !... Pratique, génial, inespéré. Mais invivable après 14 ans !... Le fou ! Tout ça à cause de quelques rides ! Qu'est-ce qu'il croyait ! Un jour, même la chirurgie esthétique ne peut plus rien ! Et de l'autre, qui s'amuse, avec ses parodies. Quel impertinent !

Mais comme c'est drôle ! (*elle éclate de rire*) Après tout, je m'en fous si tout foire. Pierre qui roule n'amasse pas mousse ! (*elle lance la chemise sur le bureau ; peu importe si elle n'atteint pas sa cible*) Odette philosophe, parfaitement (*elle se vautre dans le canapé*) Si j'étais star, je crois que, moi aussi, j'aurais des caprices de star. (*de sa main droite elle mime un éventail*) Mais pas sept !
On Sonne.
Odette : - Oh peuchère ! Enfin ! Il a fini de se maquiller ! Oh ! Les lumières !...

Elle se lève, se précipite sur les interrupteurs – après quelques essais transforme la pièce, qui devient très intimiste – et fonce vers la porte, s'arrête, souffle profondément, ouvre, s'apprête à sauter au cou de son idole (même si elle est salariée de « l'association », elle reste très fan)... C'est Aurélie... Odette s'arrête net.

Aurélie, *un petit sac à la main, surprise* : - Je suis la première ? Suis-je un peu trop en avance ?
Odette, *se reprenant* : - Entrez, entrez, Aurélie.
Aurélie : - Comme vous connaissez mon prénom, je suis à la bonne adresse (*elle observe le décor, qu'elle doit juger très... intimiste*).
Odette : - Entrez, entrez, Aurélie. Antonin devrait être là, il a... un léger retard.
Aurélie : - Ah, je comprends, c'est lui que vous vous apprêtiez à accueillir d'une manière aussi fougueuse !
Odette : - Mais non, mais non... J'ai glissé.
Aurélie, *en souriant* : - Et je suis la première ?
Odette : - Naturellement... Je veux dire, vous pouvez le constater.

Odette referme la porte.

Aurélie : - Oh ! La première guitare !
Odette : - C'est même pas vrai !... (*se reprenant*) Oui, la première guitare d'Antonin (*comme si elle récitait*) sur laquelle, seul dans son jardin, à l'ombre des figuiers, il a composé ses premiers succès.
Aurélie : - Oh ! Comme c'est touchant de la voir en vrai.
Odette : - Je vais le rappeler... (*elle sort son portable d'une poche et appelle ; à Aurélie :*) C'est toujours son répondeur. C'est son répondeur depuis une heure. Je l'ai bien déjà appelé dix-neuf fois (*elle range son portable*).
Aurélie : - J'espère qu'il ne lui est rien arrivé de grave ! Ce serait trop bête ! J'ai tellement rêvé de cet instant ! Rencontrer Antonin ! Pouvoir lui parler comme je vous parle...
Odette : - Parler, parler, ce n'est pas son fort, à l'Antonin !
Aurélie : - Pourtant, à la télé, il a toujours l'air tellement à l'aise, et si calme, si souriant...
Odette : - Avec un prompteur, tout le monde serait comme lui ! (*face au regard interloqué d'Aurélie, Odette réalise qu'elle s'exprime devant une lauréate*) Mais non ! Je plaisante ! Nous sommes dans le sud-ouest ici, nous avons la galéjade facile.
Aurélie : - Je croyais que la galéjade, se pratiquait uniquement du côté de Marseille.
Odette : - Naturellement... ce qui signifie : ici gasconnades.
Aurélie : - Gasconnade, Gascogne, Gascon, c'est donc vrai : le caractère des Gascons était très haut en couleur ? C'était bien au temps de la langue d'Oc ? Après l'empire romain ?
Odette : - Je suis là pour vous accueillir. L'office de tourisme, c'est à côté... Je vous le susurre sans m'énerver : la Garonne nous irrigue, donc nous avons la

plaisanterie facile. Comme vous débarquez de Paris, vous ne comprendrez pas toujours !
Aurélie : - Je suis de Châteauroux.
Odette : - Je le sais parfaitement, 28 ter rue Romanette Boutou. Mais pour nous, au-dessus de Brive-la-Gaillarde on grelotte, c'est le pôle Nord.
Aurélie : - C'est une gasconnade !
Odette : - Vous comprenez vite… J'allais ajouter pour une parisienne ! Je vous bouscule un peu, c'est juste pour noyer mon anxiété ! Je noie mon anxiété dans la Garonne ! Je vous l'avoue sans chinois, sans chichis même : je ne comprends pas pourquoi Antonin n'est pas à ma place et moi derrière la caméra.
Aurélie : - La caméra ?
Odette : - Euh… Oui pour vous offrir la cassette de votre rencontre.
Aurélie : - Ah ! Quelle délicatesse !… Comme c'est touchant. Et vous travaillez depuis longtemps avec Antonin ?… Je me permets d'utiliser ainsi son prénom : sur son courrier si poétique, il notait : « Appelez-moi Antonin quand nous aurons la chance d'enfin croiser nos regards. »
Odette : - C'est plus intime. Antonin avec un A comme Amour ! Antonin l'entrée des câlins ! C'est toujours mieux que son véritable prénom ! Les parents sont parfois fous !
Aurélie : - Comment ? Antonin est un pseudonyme ?
Odette : - Quel indice vous induit ainsi en erreur ?
Aurélie : - Vous !… Pourtant j'ai lu toutes ses biographies et pas une ne signale un pseudonyme.
Odette : - Il faudra vous y habituer ! Ici on cause avec des images.
Aurélie : - La terre du grand poète.

Odette : - Comme recopient les journalistes !
Aurélie : - Comme je suis heureuse d'être ici ! Devant la porte, durant les quelques secondes du sourire de la prise de conscience du rêve devenant réalité, je me demandais si l'idole de ma vie allait m'ouvrir. Comme j'aurais été intimidée !
Odette : - Il doit encore traîner des moustaches dans le bureau. Tu veux que je les mette ?
Aurélie : - C'est une gasconnade ?
Odette : - On est dans le show-biz ici, après cinq minutes on se tutoie, après sept on s'embrasse sur la bouche.

Aurélie se recule.

Odette : - C'est une des célèbres répliques de notre poète bancal ! Local ! Les aphorismes du moustachu ! Il devrait être là, nous voguons à vue, nous sommes en totale improvisation. Je sens venir le paranormal ! Et je n'aime pas ça ! (*elle ressort de sa poche son portable et le rappelle*). Toujours la boîte vocale. « Antonin, la première lauréate est impatiente de te voir en chair et en os. Et plus si affinités. » (*elle pose son portable sur la table*)
Aurélie : - Encore une gasconnade !
Odette : - Déformation professionnelle !
On sonne.

Aurélie : - Oh !
Odette : - Ne rêvez pas, je n'ai pas refermé à clé ! Quand il est en retard, avant de sonner, Antonin tourne toujours la poignée pour entrer discrètement, avec son petit air d'enfant de chœur pris en faute avec le verre de vin blanc de monsieur le curé aux lèvres et les joues rouges !
Aurélie : - Ah !
Odette : - Ma mère l'a vu enfant de chœur, c'était en… (*se

reprenant) Je vous parie que c'est Brigitte, 42 rue Pasteur, une de vos co-lauréates.
Aurélie : - Vous êtes voyante ?
Odette : - Les gasconnades de Châteauroux, c'est comme un Antonin sans mouche.
Aurélie : - Sans mouche !?
Odette : - Un Antonin sans moustaches (*elle mime les moustaches sous son nez*), je m'exprime pourtant clairement !

Odette va à la porte, ouvre.

Odette : - Bonjour Brigitte.
Brigitte : - Je suis en avance... Je serais venue à pied pour voir Antonin...
Odette : - Y'a pas de quoi !... Euh, je vous comprends.

Odette referme.

Aurélie : - J'en suis certaine : vous n'habitez pas Valenciennes !
Brigitte : - Vous m'avez devancée ! Je pensais être la première avec quinze minutes d'avance...
Odette : - Les présentations : Aurélie, première arrivée.
Brigitte : - Enchantée.
Aurélie : - En chansons... Je m'entraîne... Il paraît que nous sommes au pays des gasconnades !
Odette : - Et la gasconnadière en chef, Odette, chargée par le maître d'improviser quand la pendule ne tourne pas rond.
Brigitte : - Et c'est le cas ?
Odette : - La centrale nucléaire détraque nos pendules.
Aurélie, *à Brigitte* : - C'est un message codé ; Odette, pourriez-vous traduire, nous n'avons pas grandi dans l'ombre du maître.

Odette : - Je répète une dernière fois : Antonin devrait être là...
Aurélie : - Et il est ailleurs !
Brigitte : - Et personne ne connaît cet ailleurs ?
Odette : - Qui sait avec lui !
Brigitte : - Oh ! La première guitare ! (*elle s'approche du canapé*)

On sonne !

Odette : - Je n'ai pas refermé à clé !
Aurélie : - Si ce n'est lui, c'est donc une autre.
Brigitte : - Et pourquoi donc, ne serait-ce pas lui ?
Odette : - Transmettez le savoir Aurélie, je suis postière, portière !
Aurélie : - Parce qu'Antonin appuie toujours sur la poignée avant de sonner depuis qu'il a été surpris par Odette à boire le vin rouge de monsieur le curé, et Odette enferme les bouteilles à clé...
Odette : - Mais tu mélanges tout !
Aurélie : - Je crois que cette histoire me perturbe !
Brigitte : - Je n'ai rien compris. Vous êtes surréaliste tendance André Breton ?
Aurélie : - Je suis réaliste tendance *Psychologies Magazine*. Avec même un peu de Prozac quand ça chauffe trop.

Odette ouvre...

Odette : - Mais vous êtes toutes en avance !

Entrent Delphine et Emilie.

Delphine : - Nous y sommes enfin !
Odette : - Mais oui, bonjour Delphine, bonjour Emilie...
Delphine : - Bonjour...
Odette : - Odette, Odette avec un O et quelques dettes...

Rassurez-vous, j'ai une éponge qui les récure !... Les absorbe !
Toutes la regardent sans comprendre.
Odette : - J'ai une relation qui les éponge, si vous ne comprenez pas les raccourcis. Delphine et Emilie qui arrivent avant Cécile, décidément tout part de travers.
Aurélie : - Les chemins de travers.
Emilie : - Bonjour Odette.
Odette, *en les montrant* : - Je vous présente Aurélie et Brigitte, faites comme chez vous. Antonin devrait être là mais j'ignore où il est... Demandez des informations, racontez votre voyage, des blagues, montrez-vous les photos de vos enfants, vos vacances, vos amants, Odette est débordée, déboussolée, déstabilisée, déprimée et Aurélie, au lieu de m'aider, mélange tout. Elle aurait dû s'appeler Zélie ! Je n'en peux plus ! (*Odette prend dans une de ses poches une pilule, hésite*) C'est un cas de force majeure, sinon je vais péter un plomb ! (*elle l'avale*) Ha ! Je me sens déjà mieux ! Cool ! Le show-biz a quand même de bons côtés ! Défonce majeure !

Aurélie et Brigitte l'observent avec désapprobation, tandis que Delphine et Emilie posent leur sac dans un coin sans y prêter attention.

Delphine : - Oh ! La première guitare...
Emilie : - Je te donne ma place si elle est vraie !
Delphine : - Ta place !
Emilie : - On en reparlera demain !
Delphine : - Tu vas finir par m'inquiéter...
Odette *plane, pour elle* : - Peace and Love ! Champagne !... Mais ça ne dure jamais, je sais, je suis lucide même dans mon aéroplane blindé. J'en ai trop ingurgitées. Une vie de défonce ou une vie où l'on

s'enfonce jusqu'au cou dans le fossé ? Même si j'avais eu le choix, si l'Antonin ne m'avait pas embarquée dans son délire, j'aurais choisi le soleil artificiel (*le regard de plus en plus vague*). Comment peuvent-elles supporter la grisaille ? Je vous pardonne, vous ne pouvez pas comprendre, vous ne devez jamais savoir...

Delphine, *en se retournant* : - Je vais tout vous raconter ! Quelle coïncidence ! Nous étions dans le même train ! Tout d'un coup, je me lève, j'étais trop nerveuse, il fallait que je me dégourdisse les jambes, et qu'est-ce que j'aperçois au poignet de cette ravissante personne ? Je vais vous le dire : un bracelet en argent ! Et pas n'importe quel bracelet en argent, un bracelet en argent identique à celui cause d'une émotion digne d'un premier amour, quand je l'ai découvert dans la lettre.

> *Toutes soulèvent leur main gauche pour montrer leur bracelet et rient. Odette a le même et rit encore plus fort. Elle soulève le bord de son pantalon droit pour montrer qu'elle en a un aussi à la cheville.*

Brigitte : - Moi, quand je l'ai vu, j'ai failli m'évanouir.
Aurélie : - Au pays de la gasconnade, tu aurais dû t'exclamer « *Il a fallu une heure aux pompiers pour me réanimer...* » Oui, je te tutoie, car j'ai retenu la première leçon d'Odette « *Après cinq minutes, on se tutoie...* »
Odette, *qui plane* : - Tutoyez-vous, aimez-vous les unes les autres. Et adoptez des enfants si... si je chante faux.
Delphine : - Donc on va toutes se tutoyer, puisque nous sommes dans le même bateau (*Odette, sans l'interrompre : « bureau pas bateau... c'est un sacré radeau ! »*), que nous avons toutes eu l'heureuse surprise de recevoir une lettre... Immense surprise sauf Emilie ! Parce qu'elle était certaine d'être tirée au sort ! Une

intuition ! Je croyais qu'elle bluffait tout à l'heure. Mais comme elle était certaine qu'Antonin ne serait pas là pour nous accueillir... Tu m'as perturbée, Emilie !
Emilie : - Moi ? La vérité ne doit jamais nous perturber ! Des forces nous dirigent et il faut parfois admettre notre modeste condition.
Aurélie, *pour elle :* - L'une plane, l'autre messianise, je devrais peut-être aller attendre Antonin dehors. *(en se passant la main droite dans les cheveux)*
Delphine : - Je reprends mon histoire où je l'avais laissée : nous avons engagé la conversation. J'étais toute excitée... Et dans le taxi, mademoiselle me balance : « *Nous avons le temps, de toute manière il arrivera en retard, quand même toi, tu ne penseras plus à lui...* » Ce qui m'a surprise, c'est de ne pas avoir été invitées à la même heure...
Odette, *qui plane toujours :* - Délicatesse d'Antonin. A chacune un accueil personnalisé, arrivées programmées avec un intervalle régulier...
Brigitte : - Personnalisé ?
Odette, *moins planante :* - Mais en plus d'Antonin, maintenant il manque Cécile ! L'ordre d'arrivée n'a pas été respecté, c'est la chienlit ! Général ! Réveille-toi, ils sont devenus fous !
Delphine : - Et le programme ? Quel est le programme ? L'incertitude c'était bien avant, on pouvait tout imaginer. Mais maintenant que nous sommes arrivées...
Odette : - Programme ! Le programme ! Mais Odette n'a qu'un rôle secondaire ! Je suis une simple salariée qui se mettra en grève un jour ! Tout reposait sur Antonin et vous, ravissantes lauréates !
Brigitte : - Il devait nous apprendre à écrire une chanson ?
Odette : - Apprendre à écrire une chanson ! J'aurai tout entendu dans l'ombre du boss ! J'ai pas dit du bossu ! Si je

la retiens, je l'écrirai celle-là ! Dans mes mémoires. Les mémoires d'Odette ! « *Mémoires honnêtes mais pas nettes d'Odette.* » Sous-titré « *Antonin étonnant.* » J'ai déposé le titre à la Bibliothèque Nationale. Bref ! Il y a deux écoles : dans la première, les artistes se réunissent, picolent et griffonnent leurs divagations, et selon l'autre école, les solitaires s'enferment dans leur chambrette et attendent l'inspiration... c'est-à-dire qu'ils picolent seuls !
Brigitte : - J'ai essayé d'écrire des chansons... Mais on me répondait toujours que c'étaient des poèmes.
Delphine : - Si j'ai bien suivi, la différence entre une chanson et un poème, c'est le degré d'alcool dans le sang durant l'écriture.
Brigitte : - Tu crois qu'il m'aurait suffi de quelques verres de Malibu pour devenir auteur de chansons ?
Delphine : - Il n'est peut-être pas trop tard !
Brigitte : - J'ai apporté un petit poème, je ne sais pas si j'oserai le montrer. Mon rêve c'était qu'il le chante dans son prochain album... Mais à présent que je sais qu'une chanson et un poème ça n'a rien à voir...
Odette : - Lâche-toi ma grande, qu'on te répondrait dans le métier... Lâchez prise ! Zen ma fille ! J'ai tout ce qu'il te faut à la cave ! Pour tous les prix, pour tous les stress... J'en ai même des caisses, des brouettes, des bonbonnes, des bonbons et même de l'écorce de platane, (*en souriant*) c'est terrible, c'était pas naturel, mon parachute s'est refermé.
Aurélie : - Boire ou ne pas boire, telle est la chanson !
Brigitte : - Non, pas des chansons à boire, de belles chansons romantiques comme Antonin.

On sonne !

Odette, *soudain totalement dégrisée* : - J'espère que c'est elle ! Que nous retrouvions un peu d'ordre !

Elle va ouvrir (sans regarder par la fenêtre).
Odette : - Géraldine ! Déjà ! Et Françoise, qu'avez-vous fait de Françoise ? Et Cécile ?
Géraldine : - Je suis en avance... Ça pose un problème ?
Odette : - Mais non, mais non, entrez, entrez charmante princesse, Odette avec un O et des... Bon, je ne suis pas un perroquet, (*en les montrant*) voici Aurélie, Brigitte, Delphine, Emilie.
Delphine : - Et après cinq minutes, tutoiement autorisé, imposé ; cinq minutes d'apprentissage et bienvenue dans la grande famille. Je sens qu'on va s'amuser !
Géraldine : - Oh ! La première guitare !... Momina serait en bave devant !...
Aurélie, *s'effondre dans le canapé, pour elle* : - J'avais rêvé d'autre chose ! A la télé, c'est toujours tellement magique le show-biz ! Un orchestre avec cordes, un serveur aux gants blancs, champagne, caviar... Et ça n'a rien à voir avec mes rêves.
Géraldine : - Avec un quart d'heure d'avance, j'imaginais arriver la première ! Puisque j'ai décidé de venir, après avoir hésité... j'ai reçu la lettre le 22 mars au facteur et trois heures plus tard le mail de Momina m'annonçait quelque chose de désagréable à m'apprendre. Désagréable, je ne m'étais pas trop inquiétée, elle m'écrivait toujours *mon Amour*.
Delphine : - Momina, c'est un pseudo du web branché ?
Géraldine : - Momina est un prénom fréquent en Afrique du nord. Désagréable ! Euphémisme africain ! Elle était depuis des semaines l'amante du cynique et manipulateur Carlo, dès qu'il était disponible, elle courait se vautrer dans ses draps, tandis que je l'attendais en toute confiance, d'un Amour absolu... enfin je ne vais pas vous raconter ma vie !

Delphine : - Je vais vous expliquer, pour éviter le syndrome du Perroquet à Odette : notre arrivée fut programmée avec un intervalle régulier… Mais alors que nous sommes toutes en avance, Céline et Françoise ont raté leur tour.
Odette : - Cécile et Françoise ! La mémoire des prénoms est essentielle dans le show-biz !
Brigitte : - Peut-être seront-elles tout simplement à l'heure !
Odette, *regardant sa montre* : - J'ai la désagréable mission de vous informer que pour Cécile cette perspective est déjà irréalisable.

On sonne !

Toutes : - Ah !
Odette : - Mais laquelle ?! (*elle va ouvrir*) Oh non ! (*elle referme la porte brusquement, s'appuie contre elle, en hurlant « venez m'aider, des blousons noirs » et referme à clé en poussant un très long « oufff » puis après quelques secondes :)* Des blousons noirs, c'est pas le public d'Antonin ! Des fous, je les reconnais, ils ont des regards de dingues et pas d'appareil photo.
Aurélie : - Fausse alerte ! Il en manque toujours deux !
Géraldine : - Si j'ai bien compris, je devais arriver la dernière.
Delphine : - De toute manière il était inutile de nous hâter : Antonin a disparu.
Géraldine : - Comment disparu ? Kidnappé ? Enlevé ? On ne l'a pas annoncé à la radio.
Brigitte : - Il est simplement injoignable.
Aurélie, *en souriant, pour elle* : - S'il avait été garagiste, on aurait pu imaginer qu'il a été appelé pour une urgence.
Emilie : - Ne vous inquiétez pas, il réapparaîtra quand vous ne penserez plus à lui (*elle s'assied*).

Brigitte : - **Bonne idée !** (*elle s'assied aussi*)
Delphine, *s'asseyant aussi* : - **Mais elle va me faire flipper, avec ses prédictions, ses intuitions ou je ne sais quoi ! Le pire, c'est quand ça se réalise. Elle m'avait affirmé :** « *Ne te presse pas, ton chanteur préféré ne sera pas là.* »
Brigitte : - **Vous trouvez pas qu'on n'y voit rien dans cette pièce ?**
Odette, *en détachant fortement chaque syllabe* : - **In-ti-miste !**
Delphine : - **Ça va Odette ?**
Odette : - **J'imite le maîîîîîîîîître.**
Brigitte : - **Oh la rime ! On se croirait chez Racine !**

> *Le portable d'Odette sonne. Toutes, sauf Emilie, se relèvent.*

Odette : - **Quand on parle du poète on entend sa... on entend sa ?**
Brigitte : - **Sonnette !**
Odette : - **Bien Bri... gette ! Il est le seul à connaître ce numéro, il m'a remis ce nouveau portable hier...**
Delphine, *à Emilie* : - **Je crois que pour une fois tu t'es plantée...**
Emilie : - **Ne sois pas aussi optimiste !**
Odette : - **Je vous raconterai...**
Odette, *en décrochant* : - **Antonin ! (...) Bonjour madame (...) Ce n'est pas grave j'espère (...) Mais je fais quoi ? (...) Et demain matin, avec les journalistes et le président du Conseil Régional ? (...) Bien madame.**

> *Odette range son portable. Toutes la fixent.*

Odette : - **C'était sa vénérable et hystérique... historique épouse. Antonin ne pourra pas venir ce soir.**

> *Un* « *oh* » *de déception générale. Sauf Emilie, souriante.*

Odette : - Il y a bien une version officielle. Mais bon, je vous l'épargne. Comme si quelqu'un va croire une version officielle de madame.
Aurélie : - Les journalistes !
Odette : - Tu as tout compris !... Tu n'aurais pas un pied dans le show-biz ?
Aurélie : - Même pas un ongle.
Odette : - Un oncle te serait plus utile qu'un ongle... Mais Antonin sera là demain matin pour la photo souvenir et les télévions de caméras... les camés de tes visions... caméras de télévision.
Delphine : - On pourra au moins lui parler ?
Odette : - Rassurez-vous, il vous accordera l'intégralité du dimanche.
Aurélie : - Il faut retarder notre départ ?
Brigitte : - Mais moi je ne peux pas, mon train est à 10 heures 25. Quel drame !
Odette : - Une bonne nouvelle : j'ai l'autorisation de remonter de la cave sacrée quelques bouteilles de floc.
Delphine : - Du floc ?
Odette : - L'apéritif local. La renommée du sud-ouest. Personne ne connaît le floc ?
Géraldine : - Mais si au fait ! J'en ai bu une fois en vacances... Mais il ne faut pas exagérer, sinon on se met vite à dire et faire n'importe quoi !
Odette : - Floc et cacahouètes, ça promet les fillettes ! Parole d'Odette !

Rideau

Acte 2

Nombreuses bouteilles de floc vides sur la table. Les femmes assises. Lumières normales. Beuverie (sauf Emilie).

Régulièrement, jusqu'à la fin de la pièce, fuseront des exclamations, des paroles inaudibles (couvertes par la voix principale).

Odette : - Quand Odette boit, Odette dit n'importe quoi ! Ça c'est leur version officielle, dans le plus charmant des villages du sud-ouest, comme ils bavent à la télé quand l'Antonin est l'invité d'honneur.

Aurélie : - Pas tant d'honneurs que ça si j'ai bien tout suivi.

Odette : - Quand Odette boit, c'est comme si des portes à l'intérieur s'ouvraient. Je ne suis plus Odette secrétaire modèle (*toutes rient*). Odette secrétaire modèle condamne Odette cancanière. Et vice versa !

Aurélie : - Cancanière, j'y crois pas ! Tu ne nous as même pas expliqué comment un tirage au sort pouvait sélectionner sept femmes distinguées et presque équilibrées quand des millions de francophones ont envoyé leur plus belle photo et leur classement des plus belles chansons du millénaire.

Odette : - C'est même pas son idée à lui ! C'était avant, du temps où il présidait une autre association, où il dirigeait « Woodstock du Sud-Ouest » ! C'est le coordinateur de cette grande usine à subventions qui lui a refilé l'idée.

(*Odette se tait et devient sombre*)

Emilie, *doucement* : - L'idée...

Odette : - Parce que l'Antonin en avait marre : à chaque fois qu'une gamine lui ouvrait sa porte, il devait promettre

de la prendre comme choriste, ou en première partie d'un concert. Je dis une gamine, on les sélectionnait 18-25 ans, sur photo naturellement !
Aurélie : - Forcément !
Odette : - Jamais moins de 18 ans, c'était une règle écrite dans le platane.
Aurélie : - Le marbre !
Odette : - T'es pas du sud-ouest, toi ! Ici, c'est le platane ou la pierre. Mais la pierre, ça casse la lame du couteau ! 18 ans, j'ai dit ! J'étais stricte là-dessus. Y'a bien eu une exception, mais la chanteuse avait falsifié sa carte d'identité, dans ce cas-là, on assume.
Aurélie : - Elle voulait simplement être chanteuse.
Odette : - Quand on fraude, on assume ! Elle assumait la brunette ! Waouh ! ça déménageait ! Si elle réussit elle pourra écrire un best-seller « *ma méthode pour percer.* »
Géraldine : - On a compris. Pas besoin d'un livre, une phrase suffit. Momina pourrait lui donner des conseils.
Odette : - S'il le faut, j'irai la tête haute en prison ! Bref... J'étais stricte là-dessus, 18 ans. Si l'Etat autorise 15 ans, pour moi, no problème, mais l'Etat a dit, donc Odette est stricte. La loi, c'est la loi. Je voulais pas retrouver l'Antonin traité comme un vulgaire... Comme un vulgaire... Depuis qu'un nom ne protège même plus des petits juges et leur acharnement à se payer le scalp d'une star. En Asie, le « french singer » faisait ce qu'il voulait, Odette n'allait jamais en Asie. Mais en France non, je ne veux pas devenir complice. En Asie, si tu veux, mais pas ici, Odette a des principes, sinon Odette démissionne !... Et réclame une augmentation pour revenir !
Emilie, *doucement* : - Qu'il la prendrait comme choriste...
Odette : - Alors ça créait un tas d'embrouilles, parce que l'Antonin, il a remplacé les choristes par des synthétiseurs.

Aurélie : - Forcément !
Odette : - Vous voulez savoir pourquoi ?
Aurélie : - Forcément !
Odette : - Personne ne devine ?
Delphine : - C'est moins lourd !
Géraldine : - C'est jamais en retard ? Pas comme les africaines !

Odette : - Madame a décrété, « *ça coûte moins cher* », alors monsieur a cédé. Madame en avait marre des ragots et madame est jalouse. Mais moi ça ne me gênait pas qu'on prenne toutes et tous la même chambre ! Pour une fois qu'on faisait des économies ! Elle est jamais contente ! Nous étions jeunes ! Et jeunesse a beaucoup de tendresses les soirs de concerts.

Delphine : - Ça j'en suis certaine, ce n'est pas écrit dans sa biographie, n'est-ce pas Aurélie !

Géraldine : - La vérité personne ne l'écrit, c'est comme cette histoire entre Carlo le salaud et Momina. Africaine aussi a besoin de beaucoup tendresses quand elle passe trois mois en Ethiopie loin de son Amour.

Aurélie : - Forcément !

Géraldine : - Non pas forcément ! Quand on aime on sait attendre dans la dignité. On ne se lance pas dans la danse du vagin dès l'aéroport.

Aurélie : - Je répondais à Delphine.

Odette : - Et pour ses premières parties, en ce temps-là, il trouvait toujours des fils ou des filles à papa prêts à lui refiler de l'oseille pour avoir l'honneur de figurer sur la même affiche. L'oseille c'est une image. Madame tient les cordons de la bourse. La bourse du ménage et la bourse des voyages.

Aurélie : - T'exagères ! Il a la main sur le cœur !

Odette : - Mais le moteur de sa vie est ailleurs.

Aurélie : - T'exagères ! J'ai déjà entendu une chanteuse enthousiaste, elle jurait que faire la première partie d'Antonin, c'est extra, il donne des super conseils.

Odette : - Sûrement une qui avait ses raisons de parler ainsi ! Elle pourra écrire un livre aussi !

Delphine : - Mais j'ai rien compris à ton histoire. Tu devais nous expliquer pourquoi nous sommes là !

Odette : - J'y viens, j'y viens, mais sans l'historique, tu vas rien piger ma vieille.

Delphine : - Je pourrais être ta fille !

Odette : - Sois pas désagréable !

Aurélie : - Forcément !

Odette : - Odette comprend tout ! Tout !

Emilie, *doucement* : - Antonin...

Odette : - Oui, l'Antonin était encore un chanteur à disques d'or en ce temps-là.

Aurélie : - Il l'est encore ! J'ai lu dans...

Odette : - Si vous m'interrompez à chaque fois, les portes vont se refermer.

Toutes : - On t'écoute !

Odette : - Donc, c'est Jef (*elle se signe*) paix à son âme s'il en avait une, ce vieux roudoudou ! C'est lui qui lui a soufflé « *Tu devrais sélectionner des fans plutôt que des chanteuses.* » (*Odette sourit*)

Delphine : - Alors ? On voudrait rire aussi !

Odette : - Les fans sont encore plus connes que les chanteuses.

Brigitte : - Ça ne nous fait pas rire.

Odette : - Qu'il a répondu Antonin.

Aurélie : - Le con !

Odette : - C'est notre Antonin adoré, qui a répondu « *les*

fans sont encore plus connes que les chanteuses. » Je vous rassure, il me considère moins secrétaire que fan.

Aurélie : - Tu ne lui as jamais mis trois claques ?

Odette : - Il les a eues... (*Odette devient sombre*) Mais rien, là vous ne saurez rien, vous ne saurez rien de ma vie privée. C'est entre lui et moi, cette histoire, c'est ma vie privée (*proche de pleurer, silence*). Sa première guitare, vous pouvez regarder le mur, vous ne la verrez pas !... Je la lui ai fracassée sur la tête. Celle-là, c'est même pas la deuxième. La deuxième, c'est sa femme qui s'en est chargée. Tête à guitare qu'on l'a appelé durant des mois ! Il l'avait bien mérité.

Aurélie : - Le con !

Odette, *se reprenant* : - Mais c'était y'a si longtemps ! Ha ! Y'a contraception (*troublée*), conscription, prescription. Il lui reste une cicatrice sur la tête. J'ai frappé plus fort que sa femme. Il n'avait pas encore de moumoute !

Aurélie : - Quoi, Antonin est chauve ! Il a une perruque !

Odette : - Les portes vont se refermer !

Emilie : - Antonin a dit...

Odette : - Et l'année dernière, à l'enterrement de Jef, il m'a bredouillé. Il avait la larme à l'œil... Je suis certaine qu'il avait coupé des oignons avant ! C'est bien son style !

Aurélie : - Forcément !

Géraldine : - Mais non pas forcément ! On croirait entendre Momina et son « d'accord », elle te le sert à toutes les sauces et pour lui ce fut la totale : d'accord Carlo je viens chez toi en toute amitié, d'accord Carlo je n'en parle pas à Géraldine, d'accord, elle ne pourrait pas comprendre notre merveilleuse fantastique et unique amitié, d'accord Carlo on se déshabille en toute amitié, d'accord Carlo caresse-moi amicalement, d'accord Carlo

mais entre doucement, d'accord Carlo tu passes me prendre dès que tu as une nuit de libre…
Odette : - On la laisse tomber, une femme bête au point de coucher avec Carlo le crapaud !
Aurélie : - Carlo le crapaud ! Quel talent de la formule !
Emilie : - L'enterrement…
Odette : - Il m'a bredouillé : « c'est con, tu vois, j'ai pas eu le temps, j'ai pas eu le temps de lui dire que son idée de sélectionner des fans plutôt que de la chair à sacem, son idée, à lui, à lui qui ne sera plus là pour me couvrir devant ma femme, son idée géniale, j'en ai touché trois mots au président du Conseil Régional, et il nous subventionne, forcément ! Tu te rends compte, il saura jamais que son idée, le monde entier va la connaître… »
Aurélie : - Mais c'était pas le règlement, sélectionner des femmes ! Les hommes pouvaient participer.
Delphine : - Y'a même eu un tirage au sort devant les caméras.
Odette : - Si vous croyez les règlements et les films, vous êtes mal parties les filles.
Delphine : - Magouilles ici comme partout.
Aurélie : - Forcément ! Si je vous racontais comment ça se passe dans mon groupe !
Odette : - C'est moi qui tenais le caméscope ! Et sa fille a réalisé le montage, les coupures et tout, elle suit des études de cinéma, sa fille aînée, dans l'école la plus chère du pays forcément ! Et la télévision a été bien contente de pouvoir diffuser un reportage sans devoir se déplacer ! Et même gratuitement ! Enfin, quel beau voyage ils m'offrent en Martinique le mois prochain !
Géraldine : - Tu m'emmènes ?
Odette : - J'ai trois places… Tu me donnes combien ?
Géraldine : - Tu as des places gratuites et tu les revends !

Odette : - Forcément ! N'est-ce pas Aurélie, tout le monde se débrouille, forcément !
Aurélie : - Y'a eu de la magouille !?
Odette : - Une stagiaire a réalisé un premier tri : les hommes d'un côté, les femmes de l'autre. Les hommes au fond, les femmes au-dessus. Après il a fallu que je revoie toutes vos photos pour ne retenir que des « magnifiques femmes dont le prénom commence par les sept premières lettres de l'alphabet, A, B, C, D, E, F, G. »
Aurélie : - A comme Aurélie !
Brigitte : - B comme Brigitte !
Delphine : - Et pourquoi ?
Odette : - A cause de sa mémoire ! Aurélie au lit, Brigitte me prend la... (*éclate d'un rire nerveux*)
Delphine : - C'était une rime pauvre ? *(toutes rient sauf Brigitte vexée)*
Aurélie : - Alors c'est vrai, quand il chante, il utilise un prompteur ?
Odette : - Comment tu sais ça, toi ?
Aurélie : - Tu me l'as glissé tout à l'heure... juste après avoir glissé !
Odette : - Pas possible ! Quand Odette est saoule, elle se souvient de tout, à la virgule près. Et elle s'en souvient même après, alors elle s'enferme pendant quinze jours pour ne pas voir les catastrophes.
Aurélie : - Quand tu étais à jeun, quand je suis arrivée.
Odette : - Je ne suis pas responsable des propos d'Odette à jeun. Même pas coupable.
Géraldine : - Alors nous avons été choisies pour notre prénom et notre physique !
Odette : - Tu as tout compris ma belle !
Géraldine: - C'est plutôt un beau compliment.

Delphine : - Dire que ma mère a hésité entre Delphine et Rosalie !
Brigitte : - Oh ! Si mon mari savait ça ! Il a même envoyé une photo retouchée par Photoshop avec un sourire très Antonin. Il avait noté uniquement des chansons d'Antonin dans son classement des plus belles chansons du millénaire ! J'avais même corrigé ses fautes ! Il est fan encore plus que moi.
Aurélie : - Attends, attends, je commence à comprendre...
Brigitte : - Tu comprends quoi ?
Aurélie : - Nous étions convoquées à vingt minutes d'intervalle !
Odette : - Cinq minutes de présentation et le reste, déshabillage et rhabillage compris, le reste tient en un quart d'heure. Chrono en main, on a répété !
Toutes : - Oh !
Odette : - Après, ouste dans la salle de répétition, au piano si tu veux, la pièce est insonorisée, place à la suivante ! Comme au service militaire !
Delphine : - Le vieux roudoudou !
Brigitte : - Je suis choquée ! Comment a-t-il pu croire ! J'ai beau être fan, je sais rester digne. Il me déçoit.
Odette : - Aurélie au lit !... Je vous rassure, il avait prévu sa boîte de Viagra !
Toutes : - Oh !
Géraldine : - Pas de chance pour lui je préfère les filles ! Mais bon, pour faire payer à Momina de s'être tapé Carlo, pourquoi pas après tout ! 20 minutes aussi je croyais quand elle m'a avoué « *on s'est laissé submerger un soir.* » Mais c'était la version une, aujourd'hui on en est à quatre nuits passées entièrement nue dans son pieu et pas pour dormir, elle n'emmenait pas de livre alors que chaque soir je devais me taper une heure de lumière après le p'tit

câlin. Monsieur était un professionnel de la mise en condition, « *je lui ai bien rendu sa tendresse, ses caresses.* » Il la chauffait avant de la consommer. Et pas au micro-onde ! Excusez-moi, je crois que je vais pas bien.
Aurélie : - Pauvre Géraldine ! Un mec aussi m'a fait ça... La dignité doit être rare, tout finit peut-être en mensonges et trahisons...
Brigitte : - Démoralisez-moi pas ! Jamais je n'ai trompé mon mari et je n'en ressens aucun héroïsme, je l'Aime comme il m'Aime.
Géraldine : - Heureusement qu'il y a du floc pour oublier ! Et elle voudrait que j'arrête l'alcool !
Aurélie: - Ça te fait aussi mal que si un mec t'avait trompée.
Géraldine : - Une Géraldine peut être cocue aussi ! Elle m'avait pourtant affirmé « *t'inquiète pas, tout va bien se passer* », quand elle est partie en septembre. En plus elle est revenue en décembre avec la carte de ce type dans sa poche, tu te rends compte elle m'embrassait avec la carte de ce type dans sa poche, elle lui avait donné son téléphone d'Addis et son mail, comme une petite salope immature et impatiente d'être invitée au restaurant, une cocotte qui veut juste que le type fasse semblant de croire en sa vertu quelques minutes...
Odette : - Une cocotte-minute !
Géraldine : - Une cocotte qui veut qu'on lui donne sa dose de montée d'adrénaline et la fasse tomber dans les règles établies de la drague entre dépravés soucieux de s'afficher dignes et honnêtes. Je lui avais même parlé de se pacser malgré sa famille qui ne veut pas entendre parler de moi.

On sonne !

Odette : - Quand on parle du loup on entend... (*elle se lève, titube, va ouvrir*)
Brigitte : - Son glouglou !
Aurélie : - Il sera des nôtres !
Géraldine : - Je ne bois pas par passion mais pour nettoyer la souillure qu'elle a ramenée en France !
Odette : - Cécile, Sainte Cécile du samedi soir sur le floc, Cécile que nous attendions toutes, Cécile, responsable du premier désordre. On s'embrasse !
Cécile se laisse faire, observe, intriguée.
Odette : - Mais entre, mais entre, tu es des nôtres !
Cécile : - Je suis lauréate...
Delphine : - Mais nous aussi, qui plus est, nous avons vidé quelques bouteilles, et il t'en reste ! Du floc du sud-ouest ! Les frais généraux sont généreux.
Aurélie : - Mais ça dégénère.
Delphine, *en riant* : - Pourtant la nuit même les cellules grises se régénèrent !
Brigitte : - Antonin s'est volatilisé !
Emilie : - Antonin s'envolera !
Delphine : - Il va lui pousser des ailes ?
Emilie : - Comme dans une chanson de Barbara !
Delphine : - Tu me fais peur !
Odette, *jouant la grande dame* : - Mais que t'est-il donc arrivé, chère amie ?
Cécile : - Une crevaison.
Odette : - Et ça t'a mise autant en retard !
Cécile : - J'ai appelé les renseignements mais les garagistes du coin étaient tous sur répondeur. Durant des heures, les seuls types qui se sont arrêtés me proposaient d'appeler une remorqueuse et de m'héberger la nuit. Des types vulgaires, qui ne savent même pas qu'une femme doit se mériter.

Odette : - Quand on veut conduire une voiture, il faut suivre la formation « changement de roues. » Antonin me paye toujours le taxi, sur ça, y'a rien à lui reprocher.
Cécile : - Et c'est un camionneur qui me l'a changée. J'avais des préjugés défavorables sur les camionneurs, j'avais tort. Un gentleman : il a fait le boulot sans un mot. Un ange !
Aurélie : - Tu es encore aux anges, à voir !
Cécile : - Un merveilleux souvenir ! Dans ma situation, aucune femme n'aurait pu résister ! Un sourire à la Cantona ! J'en avais les larmes aux yeux ! Quelle émotion ! Avec des petites intonations italiennes : « *si mademoiselle a cinq minutes, nous pouvons discuter paisiblement dans la cabine, bien au chaud.* »
Delphine : - C'est pas clair ton histoire, ça n'arrive plus, crever une roue, c'était au Moyen-Âge !
Aurélie : - Y'avait pas de voitures, au Moyen-Âge, ma vieille.
Cécile : - Je suis une victime de manifestations estudiantines. Hier ils ont balancé des bouteilles sur les CRS.
Aurélie : - Alors il faut qu'on trinque !
Delphine : - Vides, j'espère. Ils ne seraient quand même pas fous… Enfin, ils sont tellement riches les manifestants d'aujourd'hui, qu'un jour ils balanceront des bouteilles de Dom Pérignon. Juste pour narguer les journalistes stagiaires ! Et montrer qu'en France, non seulement on a les moyens de manifester, mais en plus une certaine élégance.
Aurélie : - C'est bizarre, j'avais eu la même idée quand les chanteurs ont manifesté contre le téléchargement gratuit de la musique sur Internet.
Brigitte : - Je me souviens. Mais j'ai oublié son nom, à ce

chanteur qui tendait son joint aux CRS. Il paraît que cette photo, ça lui a rapporté un max de blé, ses ventes ont redécollé, encore plus que Gainsbourg quand il avait brûlé un gros billet à la télé.

Delphine : - C'est qui Gazbourg ?

Odette : - Antonin aussi a réussi un super bon plan média : avec Jef, nous avions organisé une super manif. Forcément spontanée ! On avait déplacé une de nos célèbres rencontres interprofessionnelles de la chanson française de qualité. Ils nous en avaient voulu les parigots, quand le 20 heures avait ouvert par un duplex avec le merveilleux petit village du sud-ouest « *où il y a ce soir plus de manifestants que d'habitants habituellement.* »

Delphine : - Mais pourquoi ont-elles cessé, ces rencontres ? Je me souviens, j'avais vu un reportage à la télé.

Aurélie : - C'est écrit dans sa dernière biographie : « *le monde de la chanson regrette que ce haut lieu de la formation, de la création, ait dû fermer, à cause de campagnes de presse scandaleuses, inacceptables.* »

Odette : - On nous a reproché nos subventions ! Trop d'argent dilapidé ! Pourtant, qu'est-ce qu'on se prenait comme bon temps avec Jef, on s'en est payé de super vacances sur le dos des subventions !

Aurélie : - C'était donc magouilles !

Odette : - Retire ce mot, sinon je range le floc ! Le monde de la chanson a ses traditions. Et la Cour des Comptes ferait mieux…

Aurélie : - Je n'ai rien dit !

Cécile : - Je peux poser une question ?

Delphine : - Je te répondrai si Odette nous a déjà confié le secret.

Cécile : - Ça se passe comment, ces vingt-quatre heures ?

Delphine : - Du floc, du floc et quelques bouteilles sans étiquette. Distillation secrète ! Une chambre personnelle dont le numéro correspond à l'ordre alphabétique A1, B2, C3, donc Cécile 3, et demain Antonin pour les photos, les télés, le discours tant attendu du président du Conseil Régional. Et comme ça fait cinq minutes, tu peux poser ton sac, nous tutoyer, et venir trinquer...

Cécile s'avance, encore timide.

Emilie : - Ne t'inquiète pas, tu n'es pas obligée de boire ! Observer peut être très instructif !
Aurélie : - Pourquoi elle ne rattraperait pas son retard ?
Cécile : - Il est vrai que j'ai un petit creux. Avec toutes ces aventures, je n'ai pas même pris le temps de m'arrêter au restaurant, j'ai foncé.
Delphine : - Des cacahouètes bien salées vont te donner soif !
Cécile : - Je meurs de soif ! (*elle pose son sac et s'assied*)
Odette : - Pauvre Antonin ! Vous pourriez quand même respecter sa mémoire, arrêter de picoler cinq minutes !
Delphine : - Il est pas mort, ton champion, juste cloîtré !
Odette : - Cloîtré, tu as trouvé le mot juste ma belle. Elle est tellement jalouse sa femme ! Et elle a tout deviné.
Géraldine : - Jalouse, je l'étais même pas. J'avais une totale confiance. Mais loin des yeux loin du cœur. Loin des yeux près de son pieu. Pour moi aussi, comme pour les autres.
Odette : - Y'avait pas besoin d'être une lumière pour comprendre. Elle est passée la semaine dernière, elle a feuilleté le dossier. Je l'avais pourtant caché. Et elle n'a pas pu se retenir de remarquer « *bizarre, quand même, sept femmes, en plus fraîches et mignonnes.* »
Delphine : - Elle n'a pas regardé le reportage télé ?

Odette : - Pauvre Antonin ! Il s'est sacrifié pour qu'elle ne le voie pas : devoir conjugal ! Il l'a honorée durant une heure comme une femme désirable.
Aurélie : - Elle a pourtant les moyens de se payer un peu de chirurgie esthétique !
Odette : - Au village, on la surnomme « la Jacksonnette », tellement elle est siliconée.
Aurélie : - C'est pourtant pas écrit dans les biographies.
Emilie : - Mais tu crois vraiment aux biographies !
Aurélie : - Tu ferais mieux de boire !
Odette : - Pauvre Antonin ! Il doit fixer sa vallée illuminée de lampes solaires. Tout ça parce que sa Jacinthe a réussi à le persuader que briser son image de dernier romantique serait catastrophique. L'homme qui n'a aimé qu'une femme ! Et il chante les fleurs ! Jure sur le cœur qu'elle lui inspire toutes ses chansons. Comme c'est triste, une idole non maquillée !
Cécile : - Oh ! La première guitare du maître !
Delphine : - C'est pas sa première guitare. Sa première, Odette la lui a fracassée sur la tête. Et elle a eu bien raison. S'il était là devant moi, il s'en prendrait une troisième.
Odette : - Delph, je t'interdis de colporter de tels ragots, c'est sa première guitare, point à la ligne.
Brigitte : - Comme elle est belle la première guitare du maître !
Géraldine : - T'es sourde ou tu tiens pas l'alcool ?! La première, Odette la lui a fracassée sur la tête. S'il débarque, il s'en prend une autre.
Odette : - Géraldine ! Même toi si belle et si douce, je vais devoir te priver de floc si ça continue ! Je t'interdis de colporter de tels ragots, c'est sa première guitare, point à la ligne.
Géraldine : - Si j'en avais la force ! J'ai même pas réussi à

lui mettre trois gifles à cette Momina qui n'a même pas pleuré en avouant son indignité !

Rideau

Acte 3

Suite beuverie. On sonne.

Odette : - Mon Dieu ! Qui cela peut-il bien être !
Cécile : - Il en manque une, c'est donc elle !
Odette *compte* : - 1, 2, 3, 4, 5, 6, 7 (*elle se compte en septième*). Sept, le compte est bon.
Aurélie : - Sept moins un ?
Odette : - Six, à quoi tu joues ?
Aurélie : - Tu n'as pas gagné, tu es l'hôtesse ! Avec un O comme O...
Delphine : - Tocard !
Odette : - Tocard ?
Delphine : - Autocar, l'autocar est arrivé sans se presser. Un autocar à roulettes. Et s'il n'en reste qu'une ce sera la dernière, et la septième va décoller les étiquettes.
Odette : - Qui va là ?
Géraldine : - Cachez les bouteilles !
Cécile : - J'aurais pas dû rattraper mon retard.

On sonne de nouveau.

Odette, *se lève, se précipite, ouvre difficilement (la porte est fermée à clé)* : - Oh ! (*elle se tient à la porte*) Monsieur le commissaire ! (*elle sort et referme la porte*)

Géraldine : - Il est arrivé quelque chose à notre Antonin !
Aurélie : - Tu crois qu'ils l'ont retrouvé noyé dans le lac ?
Cécile : - Ecrasé par une de ses autruches !
Delphine : - Il s'est suicidé !
Géraldine : - Mort comme Félix Faure, dans les bras d'une courtisane.
Brigitte : - Si c'est ça on va passer à la télé !
Aurélie : - T'aurais pas honte de profiter de sa mort pour réciter ton poème au journal de TF1.

Brigitte : - J'y avais pas pensé ! Mais si les journalistes m'interrogent, je leur annonce une exclusivité mondiale.
Aurélie : - Du genre il m'a téléphoné hier pour me demander l'autorisation de mettre ce texte dans son prochain album !
Brigitte : - J'y avais pas pensé ! Tu travaillerais pas dans la pub ?
Géraldine : - C'est ce connard de Carlo qui travaille dans le marketing pour l'Union Européenne à Addis-Abeba, et il ne pouvait pas se contenter de Sophie, ouais Sophie, l'instit, il a fallu qu'il se tape une princesse black. Monsieur distingué s'offrait une blanche les jours pairs et une noire les jours impairs. Il faudrait que j'oublie ! Ce n'est qu'une petite erreur ! Trahir et mentir durant des mois, on en fait tous des erreurs !
Brigitte : - Tu penses à tes histoires de... de... alors qu'Antonin est peut-être raide !
Géraldine : - Excusez-moi, je vais pas bien.
Cécile : - La fidélité peut s'agrémenter d'un peu de piment ! Une aventure de temps en temps ressoude le couple !
Aurélie : - Enfin raide, les femmes diront devant son cercueil !...
Brigitte : - Oh !
Aurélie : - Bin oui, enfin raide naturellement, diront celles qui savent qu'il prenait du Viagra !
Géraldine: - C'est ce connard de Carlo qui prend du Viagra.

Odette rentre.

Toutes : - Alors ?

Odette : - Rien ! Juste un gendarme ! Il a eu un appel d'une lauréate, une certaine Cécile, qui serait en retard !

Cécile : - Exact, j'avais téléphoné au commissariat !
Odette : - L'escroc, pour le service il m'a demandé une petite gâterie. Je n'ai pas pu lui refuser, c'est presque mon vagin, oups mon voisin ! il a vingt-deux ans ! C'est une mode venue d'Angleterre, paraît-il, les femmes mûres dévoreuses de jeunes hommes. Et sa femme est une amie.
Géraldine : - Il en a eu aussi des gâteries, son baratineur d'aéroport, alors qu'elle m'écrivait encore « *tu me manques.* » Pourtant il avait presque trois fois vingt-deux ans !
Brigitte : - Ah ! donc tout va bien, ça m'a donné une de ces peurs ! Faut que je me vide ! (*elle se lève et sort vers la porte à l'opposée de celle d'entrée*)
Géraldine : - En tout cas, les vieux croûtons dévoreurs de chair fraîche, ça doit être universel, pas seulement pour les fonctionnaires italiens en poste en Ethiopie.
Cécile : - Ça manque d'hommes cette soirée ! Tu aurais pu me le présenter ! Pour une fois que je suis loin de mon mari !
Aurélie : - Même durant ma procédure de divorce, j'aurais jamais osé être aussi directe !
Cécile : - Y'a des opportunités, il faudrait être folle de les louper ! Je suis une femme fidèle, amoureuse mais moderne et réaliste ! Dans certaines circonstances, les hormones ont leurs exigences.
Delphine : - Revoilà la théorie « tout n'est que réactions hormonales ! » Exit conscience dignité et cohérence, dirait notre Brigitte la vertu !
Odette : - On ne peut pas lui donner tort, ni lui en vouloir. Il fut d'une tendresse touchante, pas une parole ni un geste obscène. Il sait que dans le show-biz on a la tendresse facile.
Géraldine : - Comme sous le soleil d'Addis ! On va au

restau et on prend le dessert jusqu'à sept heures du mat, vas-y pépère, profites-en, reprends de la figue, je suis à toi. Géraldine, Géraldine, tu me manques on écrit dans les mails mais on s'emmêle sans état d'âme. Elle m'a aussi baratinée avec ses hormones.

Aurélie : - Alors c'est vrai, c'est un milieu guère fréquentable, le show-biz ?

Odette : - On y vieillit vite : regarde, moi, j'avais 17 ans, et je les ai plus.

Aurélie : - Je te rassure, ça arrive aussi chez les comptables !

Odette : - Peut-être, mais elles ne s'en aperçoivent pas !

Aurélie, *à Delphine*: - Faut pas essayer de comprendre, Odette est gasconne.

Géraldine : - Franchement, ça fait au moins trois jours que j'ai arrêté d'essayer de comprendre ce qui se passe ici !

Aurélie: - Tu étais où y'a trois jours ?

Odette : - Moi, parfois, j'ai bien l'impression qu'une journée tient en trois secondes. Le contraire peut donc arriver aussi.

Géraldine : - À une époque on mettait le temps en bouteilles et parfois il en sortait un ogre, parfois il en sortait…

On sonne. Un bond général.

Aurélie : - Là c'est le retour des blousons noirs ! Où j'ai mis ma bombe lacrymogène ? (*elle fouille dans ses poches*)

Odette : - Silence les filles, quand le chasseur arrive, les biches se cachent.

Delphine, *plus bas* : - Tu es allée voir Bambi au cinéma ?

Cécile : - Et on fait quoi ?

Odette : - Rassurez-vous, j'ai refermé à clé.

Nouvelle sonnerie.

Voix féminine du dehors (*uniquement les derniers mots compréhensibles*) : - ... Ouvrez-moi !

Odette : - Sa femme ! C'est la fin du monde ! (*elle se signe, vide le fond de son verre*)

Delphine : - Entre femmes, on saura se comprendre.

Cécile : - Après tout, nous n'y sommes pour rien. Leurs histoires de couple ne regardent que les journaux.

Odette, *se lamente* : - Virée, virée sans indemnités ! Je l'avais bien pressenti, et sur qui ça va retomber, sur Bambi... sur bibi... Elle me paiera mes indemnités, sinon j'en ai à raconter ! Même si elle vient avec un huissier pour m'accuser d'avoir outrepassé les termes de mon contrat ! Elle ne m'a jamais aimée, la garce ! J'y peux rien si son mec a un faible pour moi ! J'y peux rien si sa star de mari en pince pour mes cuisses !

La voix du dehors : - (*quelques mots incompréhensibles, puis*) C'est Brigitte !

Odette : - Brigitte, Brigitte ? Je ne connais pas de Brigitte.

Delphine : - Elle veut nous embrouiller, c'est une ruse de pêcheur, de chasseur.

Géraldine : - Y'a des femmes chez les blousons noirs.

Aurélie : - Deux ! B 2 !

Cécile : - Touché ? Coulé ? Mais où est le plan de la bataille navale ?

Delphine : - Les avions, c'est des F16, je le sais, mon cousin...

Aurélie : - A 1 Aurélie, B 2 Brigitte !

Odette, *euphorique* : - Ah Brigitte ! Elle est sortie d'un côté, elle rentre de l'autre ! Je vous le disais bien que c'était pas sa fêlée, sa femme !

Brigitte : - ... Ouvrez, je me suis égarée...

Odette : - Je sais, je sais ! Mais j'ai quand même le temps de me lever ! Je suis en heures sups ! Je vais lui demander une prime de risques à l'Antonin.

Odette se lève, titube jusqu'à la porte et ouvre finalement.
Brigitte rentre.

Brigitte : - Je suis désolée de vous avoir alarmées. J'ai dû ouvrir la porte qu'il ne fallait pas en sortant des toilettes. Je suis confuse.
Aurélie : - Pourtant tu dois commencer à connaître le chemin !
Odette : - La nuit sera chaude !
Delphine : - Chaude !
Odette : - Il va me les payer mes heures sups !
Delphine : - En floc !
Odette : - Je suis pas du genre à tout déballer dans les journaux ni à demander d'être choriste ! Mais l'argent du travail, c'est sacré. Toute peine mérite salaire. Combien de fois je me suis levée ce soir !
Aurélie : - Et n'oublie pas de facturer les descentes à la cave !
Odette : - Parfaitement ! Et comme la chaudière est lancée, la nuit sera chaude ! (*plus discrètement à Géraldine près de qui elle s'assied :*) ça fait bien longtemps que je n'ai pas eu envie de faire un câlin avec une femme, mais faut que je te l'avoue, depuis que tu es arrivée je suis déstabilisée, y'a un truc en toi qui m'appelle et me fait vibrer. Je ne suis pas du genre à m'échauffer rapidement mais là, tu vois, je ne vais même pas te faire la grande scène de l'amitié... je te désire...
Géraldine : - Si tu insistes aussi gentiment...

Odette lui caresse les cheveux, le dos... Toutes les observent plus ou moins discrètement.

Odette : - Si nous étions seules... j'oserais même passer une main en dessous...
Géraldine : - Si en plus tu m'offres un séjour à la Martinique...
Odette : - Tu passes vite de l'envie d'un peu de tendresse à l'envie d'une grande dynamique, d'une vraie liaison... Je dis pas non, les mecs sont tellement décevants.
Géraldine : - Et pourtant cette conne de Momina s'est laissée entuber. Elle avait besoin d'affection !
Odette : - Pense plus à elle ma belle, profite du temps présent en toute sincérité, en toute passion.
Géraldine : - Je me rappelle très bien, très très bien, de choses très bonnes, plus que bonnes... et je sais qu'elle m'Aime de nouveau...
Odette : - Tu vas en connaître d'autres.
Géraldine : - Elle voudrait presque mes chaleureuses félicitations : elle ne m'a pas trahie avec son gardien ni son chauffeur mais avec un dandy distingué au sourire enjôleur ! Un monsieur ! Un sophiste oui, un être fondamentalement mauvais, vide, prétentieux, né avec une cuillère en argent dans la bouche, vide malgré ses prétentions à la voie de la sagesse avec des séjours de prétendues retraites dans des monastères.
Odette : - C'est fini, ma princesse.
Géraldine : - Son petit trésor excisé... et elle l'a laissé souiller, elle le regrette à peine en plus, elle sait juste marmonner « *désolée, je croyais qu'on allait se quitter, je croyais que tu ne m'aimais plus vraiment, je croyais ne plus t'aimer à ce point, je croyais qu'on allait se séparer... désolée, il m'a déstabilisée, ça ne m'était*

jamais arrivé, j'ai été submergée, j'avais des douleurs atroces au ventre mais j'y allais... désolée...»
Odette : - Ma princesse. (*elle la caresse de plus en plus*)
Aurélie : - Je crois qu'on va terminer la soirée sans notre cheftaine.
Brigitte : - C'est dommage de se scinder comme ça. On formait un bon groupe.
Aurélie : - La vertu n'est pas une notion universelle.
Brigitte : - Je me demande souvent quel plaisir les gens trouvent dans la trahison ?
Aurélie : - Si on se met à philosopher, on va finir par pleurer.
Delphine : - Qu'est-ce qu'on pourrait faire d'original maintenant qu'on a trop bu ?
Cécile : - Chanter au pays de la chanson !

Géraldine : - Elle avait des choses désagréables à m'apprendre, qu'elle écrivait dans ses mails.
Odette : - C'est du passé ma princesse, sois dans l'instant présent, vis ce moment privilégié avec passion. Nous sommes ensemble en toute sincérité. Vas-y, souris. Tu ne souris pas assez.
Géraldine : - Il l'appelait princesse et elle a passé quatre nuits nue dans son pieu à ce salaud et à sept heures du matin, avant d'aller occuper son poste d'inutile privilégié buvant le sang de l'Afrique, il descendait sa conquête chez elle, son escort girl quasi gratuite, et elle s'empressait de m'écrire un mail anodin. Elle a même envisagé de faire sa vie avec, durant quelques jours. Mais pour lui, elle n'était qu'une aventure de passage, une couleur locale à consommer, et elle aurait voulu qu'il reste son ami de cœur, et en plus me l'imposer. Ami de cœur, elle a osé m'écrire depuis !

Odette : - C'est fini tout cela, on s'est rencontrées et le monde s'est éclairci.

Brigitte : - On va chanter !

Aurélie : - Allez, sors ton merveilleux poème destiné au prochain album d'Antonin.

Brigitte : - Tu crois que je peux oser ?

Aurélie : - On aura au moins fini la soirée dignement.

Emilie : - Dormir pour être en forme demain ! La première levée touchera le jackpot !

Delphine : - T'es vraiment voyante ?

Brigitte, *à Aurélie :* - Oui, tu as raison, la dignité est de notre côté (*elle sort une feuille, la pose entre Aurélie et Emilie*) tenez, je la connais par cœur.

> *Elles entonnent, le plus mal possible,* « Qu'une fois »...
>
> On parle de l'Amour
> Qui ne serait plus
> Qu'une vulgaire chasse à courre
> Un jeu pratiqué nu
> On joue à l'amour
>
> On dit grand amour
> Quand on a trop bu
> Ou qu'on reste plus d'huit jours
> En étant convaincu
> Que c'est pour toujours (*Odette se lève, tend la main droite à Géraldine qui la prend, se lève aussi, elles sortent main dans la main durant le refrain*)
> Mais les rues sont pleines
> De gens qui comme moi
> N'ont dit qu'une fois
> « Tu sais, je t'aime »

Rideau – FIN

http://www.gariotte.com

Pour huit comédiennes :

Sept femmes et la star (plus fan)

Pièce identique à la précédente, dans laquelle intervient une fan, la quarantaine, d'apparence très à l'opposée des lauréates.

Un seul passage modifié dans l'acte 1, après la réplique d'Aurélie sur le Prozac :

Aurélie : - Je suis réaliste tendance *Psychologies Magazine*. Avec même un peu de Prozac quand ça chauffe trop.

Odette ouvre : une femme, très nerveuse, avec un appareil photo en main, entre rapidement.

La fan, *très nerveuse* : - Bonjour, bonjour, je suis venue pour les rencontres.
Odette : - Vous n'avez pas été convoquée, mademoiselle.
La fan : - C'est bien aujourd'hui, c'est bien ici les lauréats du concours. J'ai participé.
Odette : - Mais vous n'avez pas eu la chance de gagner !
La fan : - On m'a dit qu'il fallait venir aujourd'hui.
Odette : - Qui est donc ce cher et brave « on » ?
La fan : - C'est écrit dans le journal que c'est aujourd'hui.
Odette : - Mais personne ne vous a demandé de venir.
La fan : - Oh la première guitare ! Oh comme elle est belle !
Odette : - Ce n'est pas pour vous qu'elle est là, chère madame. Ma patience a des limites.

Les lauréates observent la scène en souriant.
Odette va chercher son portable sur la table. La fan en profite pour avancer timidement en jetant des regards admiratifs.

La fan : - Je suis une vraie fan.
Odette, *en se retournant* : - Je vous prie de quitter immédiatement cette salle privée.
La fan : - Je voudrais juste une photo, monsieur Antonin et moi, soyez sympa, j'ai parié avec les copines. On n'arrive jamais à entrer dans les loges après les concerts. Je voudrais embrasser Antonin, c'est mon rêve. J'ai fait trois cents kilomètres, soyez sympa.
Odette : - Je compte donc jusqu'à trois. Et comme les gendarmes sont juste à côté, dans deux minutes, si vous êtes encore ici, ils vont vous placer vingt-quatre heures en observation, prévention, et même préventive ! Ce serait dommage, vous en conviendrez ?
La fan : - Je voudrais juste faire une photo avec Antonin. Je n'ai pas de mauvaises intentions. Je suis une vraie fan.
Odette : - Attendez dehors et vous le verrez arriver.
La fan : - Ne vous moquez pas de moi, je suis certaine qu'ici c'est comme une zone militaire, vous avez au moins cinq entrées et sûrement même des souterrains.
Odette : - Antonin a laissé une photo dédicacée, je vais vous la chercher seulement si vous me promettez qu'ensuite je ne serai pas obligée de déranger la gendarmerie.
La fan : - Promis, promis, je dirai aux copines que mon appareil s'est bloqué. C'est une bonne idée, vous ne trouvez pas ?
Odette : - Excellente ! (*elle va au bureau, ouvre un tiroir, en sort une photo... pendant ce temps La fan en profite pour photographier la guitare*) Tenez, chère madame.
La fan : - Oh merci, merci chère madame. (*elle sort en la tenant dans les mains et en la fixant comme une image sainte*)
Odette, *refermant la porte à clé, pour elle* : - Pauvre

femme ! Ah ! C'est ça aussi son public ! On choisit les lauréates mais pas son public ! Peut-être même pas quarante ans et déjà lessivée !... (*aux lauréates :*) Il suffit d'un peu de tact et ça se passe toujours bien. Sauf une fois où les gendarmes ont vraiment dû se déplacer. Menottes et panier à salades !

On sonne.

Odette : - Ah non ! Elle ne va pas être la deuxième, celle-là ! (*elle écarte le rideau de la fenêtre et regarde dehors... Ouvre*) Encore, déjà ! Mais vous êtes toutes en avance !

Entrent Delphine et Emilie.

http://www.lotois.fr

Pour neuf comédiennes :

Neuf femmes et la star

Pièce identique à la précédente, dans laquelle arrive Françoise.
Ainsi l'acte 3 est modifié :

Acte 3

Suite beuverie. On sonne.

Odette : - Mon Dieu ! Qui cela peut-il bien être !
Cécile : - Il en manque une, c'est donc elle !
Odette *compte* : - 1, 2, 3, 4, 5, 6, 7 (*elle se compte en septième*). Sept, le compte est bon.
Aurélie : - Sept moins un ?
Odette : - Six, à quoi tu joues ?
Aurélie : - Tu n'as pas gagné, tu es l'hôtesse ! Avec un O comme O...
Delphine : - Tocard !
Odette : - Tocard ?
Delphine : - Autocar, l'autocar est arrivé sans se presser. Un autocar à roulettes. Et s'il n'en reste qu'une ce sera la dernière, et la septième va décoller les étiquettes.
Odette : - Qui va là ?
Géraldine : - Cachez les bouteilles !
Cécile : - J'aurais pas dû rattraper mon retard.

On sonne de nouveau.

Odette, *se lève, se précipite, ouvre difficilement (la porte est fermée à clé)* : - Oh ! (*elle se tient à la porte*) Monsieur le commissaire ! (*elle sort et referme la porte*)

Géraldine : - Il est arrivé quelque chose à notre Antonin !
Aurélie : - Tu crois qu'ils l'ont retrouvé noyé dans le lac ?
Cécile : - Ecrasé par une de ses autruches !
Delphine : - Il s'est suicidé !
Géraldine : - Mort comme Félix Faure, dans les bras d'une courtisane.
Brigitte : - Si c'est ça on va passer à la télé !
Aurélie : - T'aurais pas honte de profiter de sa mort pour réciter ton poème au journal de TF1.
Brigitte : - J'y avais pas pensé ! Mais si les journalistes m'interrogent, je leur annonce une exclusivité mondiale.
Aurélie : - Du genre il m'a téléphoné hier pour me demander l'autorisation de mettre ce texte dans son prochain album !
Brigitte : - J'y avais pas pensé ! Tu travaillerais pas dans la pub ?
Géraldine : - C'est ce connard de Carlo qui travaille dans le marketing pour l'Union Européenne à Addis-Abeba, et il ne pouvait pas se contenter de Sophie, ouais Sophie, l'instit, il a fallu qu'il se tape une princesse black. Monsieur distingué s'offrait une blanche les jours pairs et une noire les jours impairs. Il faudrait que j'oublie ! Ce n'est qu'une petite erreur ! Trahir et mentir durant des mois, on en fait tous des erreurs !
Brigitte : - Tu penses à tes histoires de… de… alors qu'Antonin est peut-être raide !
Géraldine : - Excusez-moi, je vais pas bien.
Cécile : - La fidélité peut s'agrémenter d'un peu de piment ! Une aventure de temps en temps ressoude le couple !
Aurélie : - Enfin raide, les femmes diront devant son cercueil !…
Brigitte : - Oh !

Aurélie : - Bin oui, enfin raide naturellement, diront celles qui savent qu'il prenait du Viagra !
Géraldine: - C'est ce connard de Carlo qui prend du Viagra.

Odette rentre.

Toutes : - Alors ?
Odette : - Rien ! Juste un gendarme ! Il a eu un appel d'une lauréate, une certaine Cécile, qui serait en retard !
Cécile : - Exact, j'avais téléphoné au commissariat !
Odette : - L'escroc, pour le service il m'a demandé une petite gâterie. Je n'ai pas pu lui refuser, c'est presque mon vagin, oups mon voisin ! il a vingt-deux ans ! C'est une mode venue d'Angleterre, paraît-il, les femmes mûres dévoreuses de jeunes hommes. Et sa femme est une amie.
Géraldine : - Il en a eu aussi des gâteries, son baratineur d'aéroport, alors qu'elle m'écrivait encore « *tu me manques.* » Pourtant il avait presque trois fois vingt-deux ans !
Brigitte : - Ah ! donc tout va bien, ça m'a donné une de ces peurs !
Géraldine : - En tout cas, les vieux croûtons dévoreurs de chair fraîche, ça doit être universel, pas seulement pour les fonctionnaires italiens en poste en Ethiopie.
Cécile : - Ça manque d'hommes cette soirée ! Tu aurais pu me le présenter ! Pour une fois que je suis loin de mon mari !
Aurélie : - Même durant ma procédure de divorce, j'aurais jamais osé être aussi directe !
Cécile : - Y'a des opportunités, il faudrait être folle de les louper ! Je suis une femme fidèle, amoureuse mais moderne et réaliste ! Dans certaines circonstances, les hormones ont leurs exigences.

Brigitte : - Revoilà la théorie « tout n'est que réactions hormonales ! » Exit conscience dignité et cohérence ! Comme tout cela serait triste si c'était vrai !
Odette : - On ne peut pas lui donner tort, ni lui en vouloir. Il fut d'une tendresse touchante, pas une parole ni un geste obscène. Il sait que dans le show-biz on a la tendresse facile.
Géraldine : - Comme sous le soleil d'Addis ! On va au restau et on prend le dessert jusqu'à sept heures du mat, vas-y pépère, profites-en, reprends de la figue, je suis à toi. Géraldine, Géraldine, tu me manques on écrit dans les mails mais on s'emmêle sans état d'âme. Elle m'a aussi baratinée avec ses hormones.

Aurélie : - Alors c'est vrai, c'est un milieu guère fréquentable, le show-biz ?
Odette : - On y vieillit vite : regarde, moi, j'avais 17 ans, et je les ai plus.
Aurélie : - Je te rassure, ça arrive aussi chez les comptables !
Odette : - Peut-être, mais elles ne s'en aperçoivent pas !
Aurélie, *à Delphine*: - Faut pas essayer de comprendre, Odette est gasconne.
Géraldine : - Franchement, ça fait au moins trois jours que j'ai arrêté d'essayer de comprendre ce qui se passe ici !
Aurélie: - Tu étais où y'a trois jours ?
Odette : - Moi, parfois, j'ai bien l'impression qu'une journée tient en trois secondes. Le contraire peut donc arriver aussi.
Géraldine : - À une époque on mettait le temps en bouteilles et parfois il en sortait un ogre, parfois il en sortait...

On sonne. Un bond général.

Aurélie : - Là c'est le retour des blousons noirs ! Où j'ai mis ma bombe lacrymogène ? (*elle fouille dans ses poches*)
Odette : - Silence les filles, quand le chasseur arrive, les biches se cachent.
Delphine, *plus bas* : - Tu es allée voir Bambi au cinéma ?
Cécile : - Et on fait quoi ?
Odette : - Rassurez-vous, j'ai refermé à clé.
Nouvelle sonnerie.
Voix féminine du dehors (*uniquement les derniers mots compréhensibles*) : - ... Ouvrez-moi !
Odette : - Sa femme ! C'est la fin du monde ! (*elle se signe, vide le fond de son verre*)
Delphine : - Entre femmes, on saura se comprendre.
Cécile : - Après tout, nous n'y sommes pour rien. Leurs histoires de couple ne regardent que les journaux.
Odette, *se lamente* : - Virée, virée sans indemnités ! Je l'avais bien pressenti, et sur qui ça va retomber, sur Bambi... sur bibi... Elle me paiera mes indemnités, sinon j'en ai à raconter ! Même si elle vient avec un huissier pour m'accuser d'avoir outrepassé les termes de mon contrat ! Elle ne m'a jamais aimée, la garce ! J'y peux rien si son mec a un faible pour moi ! J'y peux rien si sa star de mari en pince pour mes cuisses !

La voix du dehors : - (*quelques mots incompréhensibles, puis*) C'est Françoise, je suis en retard.
Odette : - Françoise, Françoise ? Je ne connais pas de Françoise.
Delphine : - Elle veut nous embrouiller, c'est une ruse de pêcheur, de chasseur.
Géraldine : - Y'a des femmes chez les blousons noirs.
Aurélie : - Six ! F 6 !

Brigitte : - Touché ? Coulé ? Mais où est le plan de la bataille navale ?
Delphine : - Les avions, ce sont des F16, je le sais, mon cousin...
Aurélie : - A 1 Aurélie, F 6 Françoise !
Odette, *euphorique* : - Ah Françoise ! Je vous le disais bien que c'était pas sa femme !
Françoise : - Je suis la lauréate du concours.
Odette : - Je sais, je sais ! Mais j'ai quand même le temps de me lever ! Je suis en heures sups ! Je vais lui demander une prime de risques à l'Antonin.

Odette se lève, titube jusqu'à la porte et ouvre finalement.

Françoise : - Oh excusez-moi, je suis en retard !
Odette : - T'inquiète pas, y'a des réserves !
Delphine : - Hé ! La nouvelle !
Françoise, *timide* : - Je suppose que c'est moi que vous appelez !
Delphine : - Et j'attendrai pas cinq minutes : tu es des nôtres, viens trinquer !
Odette : - Mais entre Françoise... Tu arrives au bon moment.... La nuit sera chaude !
Delphine : - Chaude !
Odette : - Il va me les payer mes heures sups !
Delphine : - En floc !
Odette : - Je suis pas du genre à tout déballer dans les journaux ni à demander d'être choriste ! Mais l'argent du travail, c'est sacré. Toute peine mérite salaire. Combien de fois je me suis levée ce soir !
Aurélie : - Et n'oublie pas de facturer les descentes à la cave !
Odette : - Parfaitement ! Et comme la chaudière est lancée,

la nuit sera chaude ! (*plus discrètement à Géraldine près de qui elle s'assied :*) ça fait bien longtemps que je n'ai pas eu envie de faire un câlin avec une femme, mais faut que je te l'avoue, depuis que tu es arrivée je suis déstabilisée, y'a un truc en toi qui m'appelle et me fait vibrer. Je ne suis pas du genre à m'échauffer rapidement mais là, tu vois, je ne vais même pas te faire la grande scène de l'amitié... je te désire...
Géraldine : - Si tu insistes aussi gentiment...

Odette lui caresse les cheveux, le dos... Toutes les observent plus ou moins discrètement.

Odette : - Si nous étions seules... j'oserais même passer une main en dessous...
Géraldine : - Si en plus tu m'offres un séjour à la Martinique...
Odette : - Tu passes vite de l'envie d'un peu de tendresse à l'envie d'une grande dynamique, d'une vraie liaison... Je dis pas non, les mecs sont tellement décevants.
Géraldine : - Et pourtant cette conne de Momina s'est laissée entuber. Elle avait besoin d'affection !
Odette : - Pense plus à elle ma belle, profite du temps présent en toute sincérité, en toute passion.
Géraldine : - Je me rappelle très bien, très très bien, de choses très bonnes, plus que bonnes... et je sais qu'elle m'Aime de nouveau...
Odette : - Tu vas en connaître d'autres.
Géraldine : - Elle voudrait presque mes chaleureuses félicitations : elle ne m'a pas trahie avec son gardien ni son chauffeur mais avec un dandy distingué au sourire enjôleur ! Un monsieur ! Un sophiste oui, un être fondamentalement mauvais, vide, prétentieux, né avec une cuillère en argent dans la bouche, vide malgré ses

prétentions à la voie de la sagesse avec des séjours de prétendues retraites dans des monastères.

Odette : - C'est fini, ma princesse.

Géraldine : - Son petit trésor excisé... et elle l'a laissé souiller, elle le regrette à peine en plus, elle sait juste marmonner « *désolée, je croyais qu'on allait se quitter, je croyais que tu ne m'aimais plus vraiment, je croyais ne plus t'aimer à ce point, je croyais qu'on allait se séparer... désolée, il m'a déstabilisée, ça ne m'était jamais arrivé, j'ai été submergée, j'avais des douleurs atroces au ventre mais j'y allais... désolée...* »

Odette : - Ma princesse. (*elle la caresse de plus en plus*)

Aurélie : - Je crois qu'on va terminer la soirée sans notre cheftaine.

Brigitte : - C'est dommage de se scinder comme ça. On formait un bon groupe.

Aurélie : - La vertu n'est pas une notion universelle.

Brigitte : - Je me demande souvent quel plaisir les gens trouvent dans la trahison ?

Aurélie : - Si on se met à philosopher, on va finir par pleurer.

Delphine : - Qu'est-ce qu'on pourrait faire d'autre ! Allez Françoise, viens essayer de comprendre !

Françoise : - Oui.

Emilie : - Tu te demandes où tu es arrivée ?

Françoise : - Oui.

Delphine : - Qu'est-ce qu'on pourrait faire d'original maintenant qu'on a trop bu ?

Cécile : - Chanter au pays de la chanson !

Françoise : - J'ai l'impression de ne pas tout comprendre.

Emilie : - Rassure-toi, tu n'es pas la seule ! Mais tu as la chance de pouvoir observer avec des yeux bien ouverts.

Géraldine : - Elle avait des choses désagréables à m'apprendre, qu'elle écrivait dans ses mails.
Odette : - C'est du passé ma princesse, sois dans l'instant présent, vis ce moment privilégié avec passion. Nous sommes ensemble en toute sincérité.
Géraldine : - Il l'appelait princesse et elle a passé quatre nuits nue dans son pieu à ce salaud et à sept heures du matin, avant d'aller occuper son poste d'inutile privilégié buvant le sang de l'Afrique, il descendait sa conquête chez elle, son escort girl quasi gratuite, et elle s'empressait de m'écrire un mail anodin.
Odette : - Tourne la page.
Géraldine : - Elle a même envisagé de faire sa vie avec, durant quelques jours. Mais pour lui, elle n'était qu'une aventure de passage, une couleur locale à consommer, et elle aurait voulu qu'il reste son ami de cœur, et en plus me l'imposer. Ami de cœur, elle a osé m'écrire depuis !
Odette : - C'est fini tout cela, on s'est rencontrées et le monde s'est éclairci.
Brigitte : - On va chanter !
Aurélie : - Allez, sors ton merveilleux poème destiné au prochain album d'Antonin.
Brigitte : - Tu crois que je peux oser ?
Aurélie : - On aura au moins fini la soirée dignement.
Emilie : - Dormir pour être en forme demain ! La première levée touchera le jackpot !
Delphine : - T'es vraiment voyante ?
Brigitte, *à Aurélie* : - Oui, tu as raison, la dignité est de notre côté (*elle sort une feuille, la pose entre Aurélie et Emilie*) tenez, je la connais par cœur.

Elles entonnent, le plus mal possible, « Qu'une fois »...

On parle de l'Amour
Qui ne serait plus
Qu'une vulgaire chasse à courre
Un jeu pratiqué nu
On joue à l'amour

On dit grand amour
Quand on a trop bu
Ou qu'on reste plus d'huit jours
En étant convaincu
Que c'est pour toujours

(*Odette se lève, tend la main droite à Géraldine qui la prend, se lève aussi, elles sortent main dans la main durant le refrain*)

Mais les rues sont pleines
De gens qui comme moi
N'ont dit qu'une fois
« Tu sais, je t'aime »

Rideau – FIN

Pour dix comédiennes :

Dix femmes et la star

Pièce identique à la précédente, dans laquelle passe Clara, sœur aînée d'Odette. L'acte 1 est inchangé (le reprendre de la page 153 à 165 en y ajoutant la fan des pages 187 et 188).

Acte 2

Nombreuses bouteilles de floc vides sur la table. Les femmes assises. Lumières normales. Beuverie (sauf Emilie).
Régulièrement, jusqu'à la fin de la pièce, fuseront des exclamations, des paroles inaudibles (couvertes par la voix principale).

Odette : - Quand Odette boit, Odette dit n'importe quoi ! Ça c'est leur version officielle, dans le plus charmant des villages du sud-ouest, comme ils bavent à la télé quand l'Antonin est l'invité d'honneur.
Aurélie : - Pas tant d'honneurs que ça si j'ai bien tout suivi.
Odette : - Quand Odette boit, c'est comme si des portes à l'intérieur s'ouvraient. Je ne suis plus Odette secrétaire modèle (*toutes rient*). Odette secrétaire modèle condamne Odette cancanière. Et vice versa !
Aurélie : - Cancanière, j'y crois pas ! Tu ne nous as même pas expliqué comment un tirage au sort pouvait sélectionner sept femmes distinguées et presque équilibrées quand des millions de francophones ont envoyé leur plus belle photo et leur classement des plus belles chansons du millénaire.

Odette : - C'est même pas son idée à lui ! C'était avant, du temps où il présidait une autre association, où il dirigeait « Woodstock du Sud-Ouest » ! C'est le coordinateur de cette grande usine à subventions qui lui a refilé l'idée. (*Odette se tait et devient sombre*)
Emilie, *doucement* : - L'idée...

Odette : - Parce que l'Antonin en avait marre : à chaque fois qu'une gamine lui ouvrait sa porte, il devait promettre de la prendre comme choriste, ou en première partie d'un concert. Je dis une gamine, on les sélectionnait 18-25 ans, sur photo naturellement !
Aurélie : - Forcément !
Odette : - Jamais moins de 18 ans, c'était une règle écrite dans le platane.
Aurélie : - Le marbre !
Odette : - T'es pas du sud-ouest, toi ! Ici, c'est le platane ou la pierre. Mais la pierre, ça casse la lame du couteau ! 18 ans, j'ai dit ! J'étais stricte là-dessus. Y'a bien eu une exception, mais la chanteuse avait falsifié sa carte d'identité, dans ce cas-là, on assume.
Aurélie : - Elle voulait simplement être chanteuse.
Odette : - Quand on fraude, on assume ! Elle assumait la brunette ! Waouh ! ça déménageait ! Si elle réussit elle pourra écrire un best-seller « *ma méthode pour percer.* »
Géraldine : - On a compris. Pas besoin d'un livre, une phrase suffit. Momina pourrait lui donner des conseils.
Odette : - S'il le faut, j'irai la tête haute en prison ! Bref... J'étais stricte là-dessus, 18 ans. Si l'Etat autorise 15 ans, pour moi, no problème, mais l'Etat a dit, donc Odette est stricte. La loi, c'est la loi. Je voulais pas retrouver l'Antonin traité comme un vulgaire... Comme un vulgaire... Depuis qu'un nom ne protège même plus des

petits juges et leur acharnement à se payer le scalp d'une star. En Asie, le « french singer » faisait ce qu'il voulait, Odette n'allait jamais en Asie. Mais en France non, je ne veux pas devenir complice. En Asie, si tu veux, mais pas ici, Odette a des principes, sinon Odette démissionne !... Et réclame une augmentation pour revenir !

Emilie, *doucement* : - Qu'il la prendrait comme choriste...

Odette : - Alors ça créait un tas d'embrouilles, parce que l'Antonin, il a remplacé les choristes par des synthétiseurs.

Aurélie : - Forcément !

Odette : - Vous voulez savoir pourquoi ?

Aurélie : - Forcément !

Odette : - Personne ne devine ?

Delphine : - C'est moins lourd !

Géraldine : - C'est jamais en retard ? Pas comme les africaines !

Odette : - Madame a décrété, « *ça coûte moins cher* », alors monsieur a cédé. Madame en avait marre des ragots et madame est jalouse. Mais moi ça ne me gênait pas qu'on prenne toutes et tous la même chambre ! Pour une fois qu'on faisait des économies ! Elle est jamais contente ! Nous étions jeunes ! Et jeunesse a beaucoup de tendresses les soirs de concerts.

Delphine : - Ça j'en suis certaine, ce n'est pas écrit dans sa biographie, n'est-ce pas Aurélie !

Géraldine : - La vérité personne ne l'écrit, c'est comme cette histoire entre Carlo le salaud et Momina. Africaine aussi a besoin de beaucoup tendresses quand elle passe trois mois en Ethiopie loin de son Amour.

Aurélie : - Forcément !

Géraldine : - Non pas forcément ! Quand on aime on sait attendre dans la dignité. On ne se lance pas dans la danse du vagin dès l'aéroport.

Aurélie : - Je répondais à Delphine.

Odette : - Et pour ses premières parties, en ce temps-là, il trouvait toujours des fils ou des filles à papa prêts à lui refiler de l'oseille pour avoir l'honneur de figurer sur la même affiche. L'oseille c'est une image. Madame tient les cordons de la bourse. La bourse du ménage et la bourse des voyages.

Aurélie : - T'exagères ! Il a la main sur le cœur !

Odette : - Mais le moteur de sa vie est ailleurs.

Aurélie : - T'exagères ! J'ai déjà entendu une chanteuse enthousiaste, elle jurait que faire la première partie d'Antonin, c'est extra, il donne des super conseils.

Odette : - Sûrement une qui avait ses raisons de parler ainsi ! Elle pourra écrire un livre aussi !

Delphine : - Mais j'ai rien compris à ton histoire. Tu devais nous expliquer pourquoi nous sommes là !

Odette : - J'y viens, j'y viens, mais sans l'historique, tu vas rien piger ma vieille.

Delphine : - Je pourrais être ta fille !

Odette : - Sois pas désagréable !

Aurélie : - Forcément !

Odette : - Odette comprend tout ! Tout ! Comme dit ma sœur, l'important c'est de comprendre, pas de montrer qu'on a compris !... Je vous la présenterai ma Clara, elle va passer... Elle veut connaître le résultat du prix d'Amérique.

Delphine : - Du prix d'Amérique ?

Odette : - Antonin chevauchant les juments !

Toutes : - Oh !

Odette : - Ah ma frangine, Clara clarinette, un peu vieille France mais elle me fait toujours rire, on se voit presque chaque semaine et pourtant on ne se raconte quasiment

rien… elle était l'amante de Jef… Elle a perdu son mari et son amant la même année. Comme c'est triste tout ça…
(*silence*)
Emilie, *doucement* : - Antonin…
Odette : - Oui, l'Antonin était encore un chanteur à disques d'or en ce temps-là.
Aurélie : - Il l'est encore ! J'ai lu dans…
Odette : - Si vous m'interrompez à chaque fois, les portes vont se refermer.
Toutes : - On t'écoute !
Odette : - Donc, c'est Jef (*elle se signe*) paix à son âme s'il en avait une, ce vieux roudoudou ! C'est lui qui lui a soufflé « *Tu devrais sélectionner des fans plutôt que des chanteuses.* » (*Odette sourit*)
Delphine : - Alors ? On voudrait rire aussi !
Odette : - Les fans sont encore plus connes que les chanteuses.
Brigitte : - Ça ne nous fait pas rire.
Odette : - Qu'il a répondu Antonin.
Aurélie : - Le con !
Odette : - C'est notre Antonin adoré, qui a répondu « *les fans sont encore plus connes que les chanteuses.* » Je vous rassure, il me considère moins secrétaire que fan.
Aurélie : - Tu ne lui as jamais mis trois claques ?
Odette : - Il les a eues… (*Odette devient sombre*) Mais rien, là vous ne saurez rien, vous ne saurez rien de ma vie privée. C'est entre lui et moi, cette histoire, c'est ma vie privée (*proche de pleurer, silence*). Sa première guitare, vous pouvez regarder le mur, vous ne la verrez pas !… Je la lui ai fracassée sur la tête. Celle-là, c'est même pas la deuxième. La deuxième, c'est sa femme qui s'en est chargée. Tête à guitare qu'on l'a appelé durant des mois ! Il l'avait bien mérité.

Aurélie : - Le con !
Odette, *se reprenant* : - Mais c'était y'a si longtemps ! Ha ! Y'a contraception (*troublée*), conscription, prescription. Il lui reste une cicatrice sur la tête. J'ai frappé plus fort que sa femme. Il n'avait pas encore de moumoute !
Aurélie : - Quoi, Antonin est chauve ! Il a une perruque !
Odette : - Les portes vont se refermer !
Emilie : - Antonin a dit...
Odette : - Et l'année dernière, à l'enterrement de Jef, il m'a bredouillé. Il avait la larme à l'œil... Je suis certaine qu'il avait coupé des oignons avant ! C'est bien son style !
Aurélie : - Forcément !
Géraldine : - Mais non pas forcément ! On croirait entendre Momina et son « d'accord », elle te le sert à toutes les sauces et pour lui ce fut la totale : d'accord Carlo je viens chez toi en toute amitié, d'accord Carlo je n'en parle pas à Géraldine, d'accord, elle ne pourrait pas comprendre notre merveilleuse fantastique et unique amitié, d'accord Carlo on se déshabille en toute amitié, d'accord Carlo caresse-moi amicalement, d'accord Carlo mais entre doucement, d'accord Carlo tu passes me prendre dès que tu as une nuit de libre...
Odette : - On la laisse tomber, une femme bête au point de coucher avec Carlo le crapaud !
Aurélie : - Carlo le crapaud ! Quel talent de la formule !
Emilie : - L'enterrement...

Odette : - Il m'a bredouillé : « c'est con, tu vois, j'ai pas eu le temps, j'ai pas eu le temps de lui dire que son idée de sélectionner des fans plutôt que de la chair à sacem, son idée, à lui, à lui qui ne sera plus là pour me couvrir devant ma femme, son idée géniale, j'en ai touché trois mots au président du Conseil Régional, et il nous subventionne,

forcément ! Tu te rends compte, il saura jamais que son idée, le monde entier va la connaître... »
Aurélie : - Mais c'était pas le règlement, sélectionner des femmes ! Les hommes pouvaient participer.
Delphine : - Y'a même eu un tirage au sort devant les caméras.
Odette : - Si vous croyez les règlements et les films, vous êtes mal parties les filles.
Delphine : - Magouilles ici comme partout.
Aurélie : - Forcément ! Si je vous racontais comment ça se passe dans mon groupe !
Odette : - C'est moi qui tenais le caméscope ! Et sa fille a réalisé le montage, les coupures et tout, elle suit des études de cinéma, sa fille aînée, dans l'école la plus chère du pays forcément ! Et la télévision a été bien contente de pouvoir diffuser un reportage sans devoir se déplacer ! Et même gratuitement ! Enfin, quel beau voyage ils m'offrent en Martinique le mois prochain !
Géraldine : - Tu m'emmènes ?
Odette : - J'ai trois places... Tu me donnes combien ?
Géraldine : - Tu as des places gratuites et tu les revends !
Odette : - Forcément ! N'est-ce pas Aurélie, tout le monde se débrouille, forcément !
Aurélie : - Y'a eu de la magouille !?
Odette : - Une stagiaire a réalisé un premier tri : les hommes d'un côté, les femmes de l'autre. Les hommes au fond, les femmes au-dessus. Après il a fallu que je revoie toutes vos photos pour ne retenir que des « magnifiques femmes dont le prénom commence par les sept premières lettres de l'alphabet, A, B, C, D, E, F, G. »
Aurélie : - A comme Aurélie !
Brigitte : - B comme Brigitte !
Delphine : - Et pourquoi ?

Odette : - A cause de sa mémoire ! Aurélie au lit, Brigitte me prend la... *(éclate d'un rire nerveux)*
Delphine : - C'était une rime pauvre ? *(toutes rient sauf Brigitte, vexée)*
Aurélie : - Alors c'est vrai, quand il chante, il utilise un prompteur ?
Odette : - Comment tu sais ça, toi ?
Aurélie : - Tu me l'as glissé tout à l'heure... juste après avoir glissé !
Odette : - Pas possible ! Quand Odette est saoule, elle se souvient de tout, à la virgule près. Et elle s'en souvient même après, alors elle s'enferme pendant quinze jours pour ne pas voir les catastrophes.
Aurélie : - Quand tu étais à jeun, quand je suis arrivée.
Odette : - Je ne suis pas responsable des propos d'Odette à jeun. Même pas coupable.
Géraldine : - Alors nous avons été choisies pour notre prénom et notre physique !
Odette : - Tu as tout compris ma belle !
Géraldine: - C'est plutôt un beau compliment.
Delphine : - Dire que ma mère a hésité entre Delphine et Rose !
Brigitte : - Oh ! Si mon mari savait ça ! Il a même envoyé une photo retouchée par Photoshop avec un sourire très Antonin. Il avait noté uniquement des chansons d'Antonin dans son classement des plus belles chansons du millénaire ! J'avais même corrigé ses fautes ! Il est fan encore plus que moi.
Aurélie : - Attends, attends, je commence à comprendre...
Brigitte : - Tu comprends quoi ?
Aurélie : - Nous étions convoquées à vingt minutes d'intervalle !
Odette : - Cinq minutes de présentation et le reste,

déshabillage et rhabillage compris, le reste tient en un quart d'heure. Chrono en main, on a répété !
Toutes : - Oh !
Odette : - Après, ouste dans la salle de répétition, au piano si tu veux, la pièce est insonorisée, place à la suivante ! Comme au service militaire !
Delphine : - Le vieux roudoudou !
Brigitte : - Je suis choquée ! Comment a-t-il pu croire ! J'ai beau être fan, je sais rester digne. Il me déçoit.
Odette : - Aurélie au lit !... Je vous rassure, il avait prévu sa boîte de Viagra !
Toutes : - Oh !
Géraldine : - Pas de chance pour lui je préfère les filles ! Mais bon, pour faire payer à Momina de s'être tapé Carlo, pourquoi pas après tout ! 20 minutes aussi je croyais quand elle m'a avoué « *on s'est laissé submerger un soir.* » Mais c'était la version une, aujourd'hui on en est à quatre nuits passées entièrement nue dans son pieu et pas pour dormir, elle n'emmenait pas de livre alors que chaque soir je devais me taper une heure de lumière après le p'tit câlin. Monsieur était un professionnel de la mise en condition, « *je lui ai bien rendu sa tendresse, ses caresses.* » Il la chauffait avant de la consommer. Et pas au micro-onde ! Excusez-moi, je crois que je vais pas bien.
Aurélie : - Pauvre Géraldine ! Un mec aussi m'a fait ça... La dignité doit être rare, tout finit peut-être en mensonges et trahisons...
Géraldine : - Et c'était peut-être pas le premier, ce Carlo. Sinon pourquoi elle aurait payé cent euros pour effectuer un test Vih dans une clinique d'Addis début décembre ? Je crois bien qu'elle a cherché un mec dans l'aéroport pour éviter d'y penser, pour la distraire et elle est arrivée toute

joyeuse. Le test Vih je l'ai découvert récemment, en fouinant dans sa boîte mail. Oui, mensonges et trahisons, peut-être même pas huit jours après m'avoir susurré « *tout va bien se passer.* »
Brigitte : - Démoralisez-moi pas ! Jamais je n'ai trompé mon mari et je n'en ressens aucun héroïsme, je l'Aime comme il m'Aime.
Géraldine : - Heureusement qu'il y a du floc pour oublier ! Et elle voudrait que j'arrête l'alcool !
Aurélie: - Ça te fait aussi mal que si un mec t'avait trompée.
Géraldine : - Une Géraldine peut être cocue aussi ! Elle m'avait pourtant affirmé « *t'inquiète pas, tout va bien se passer* », quand elle est partie en septembre. En plus elle est revenue en décembre avec la carte de ce type dans sa poche, tu te rends compte, elle m'embrassait avec la carte de ce type dans sa poche, elle lui avait donné son téléphone d'Addis et son mail, comme une petite salope immature et impatiente d'être invitée au restaurant, une cocotte qui veut juste que le type fasse semblant de croire en sa vertu quelques minutes...
Odette : - Une cocotte-minute !
Géraldine : - Une cocotte qui veut qu'on lui donne sa dose de montée d'adrénaline et la fasse tomber dans les règles établies de la drague entre dépravés soucieux de s'afficher dignes et honnêtes. Je lui avais même parlé de se pacser malgré sa famille qui ne veut pas entendre parler de moi.

On sonne !

Odette : - Quand on parle du loup on entend... (*elle se lève, titube*)
Brigitte : - Son glouglou !
Aurélie: - Il sera des nôtres !

Géraldine : - Je ne bois pas par passion mais pour nettoyer la souillure qu'elle a ramenée en France !
Odette : - Je vous parie que c'est Cécile. (*elle ouvre*) Cécile, Sainte Cécile du samedi soir sur le floc, Cécile que nous attendions toutes, Cécile, responsable du premier désordre. On s'embrasse !
Cécile se laisse faire, observe, intriguée.
Odette : - Mais entre, mais entre, tu es des nôtres !
Cécile : - Je suis lauréate...
Delphine : - Mais nous aussi, qui plus est, nous avons vidé quelques bouteilles, et il t'en reste ! Du floc du sud-ouest ! Les frais généraux sont généreux.
Aurélie : - Mais ça dégénère.
Delphine, *en riant* : - Pourtant la nuit même les cellules grises se régénèrent !
Brigitte : - Antonin s'est volatilisé !
Emilie : - Antonin s'envolera !
Delphine : - Il va lui pousser des ailes ?
Emilie : - Comme dans une chanson de Barbara !
Delphine : - Tu me fais peur !
Odette, *jouant la grande dame* : - Mais que t'est-il donc arrivé, chère amie ?
Cécile : - Une crevaison.
Odette : - Et ça t'a mise autant en retard !
Cécile : - J'ai appelé les renseignements mais les garagistes du coin étaient tous sur répondeur. Durant des heures, les seuls types qui se sont arrêtés me proposaient d'appeler une remorqueuse et de m'héberger la nuit. Des types vulgaires, qui ne savent même pas qu'une femme doit se mériter.
Odette : - Quand on veut conduire une voiture, il faut suivre la formation « changement de roues. » Antonin me paye toujours le taxi, sur ça, y'a rien à lui reprocher.

Cécile : - Et c'est un camionneur qui me l'a changée. J'avais des préjugés défavorables sur les camionneurs, j'avais tort. Un gentleman : il a fait le boulot sans un mot. Un ange !
Aurélie : - Tu es encore aux anges, à voir !
Cécile : - Un merveilleux souvenir ! Dans ma situation, aucune femme n'aurait pu résister ! Un sourire à la Cantona ! J'en avais les larmes aux yeux ! Quelle émotion ! Avec des petites intonations italiennes : « *si mademoiselle a cinq minutes, nous pouvons discuter paisiblement dans la cabine, bien au chaud.* »
Delphine : - C'est pas clair ton histoire, ça n'arrive plus, crever une roue, c'était au Moyen-Âge !
Aurélie : - Y'avait pas de voitures, au Moyen-Âge, ma vieille.
Cécile : - Je suis une victime de manifestations estudiantines. Hier ils ont balancé des bouteilles sur les CRS.
Aurélie : - Alors il faut qu'on trinque !
Delphine : - Vides, j'espère. Ils ne seraient quand même pas fous… Enfin, ils sont tellement riches les manifestants d'aujourd'hui, qu'un jour ils balanceront des bouteilles de Dom Pérignon. Juste pour narguer les journalistes stagiaires ! Et montrer qu'en France, non seulement on a les moyens de manifester, mais en plus une certaine élégance.
Aurélie : - C'est bizarre, j'avais eu la même idée quand les chanteurs ont manifesté contre le téléchargement gratuit de la musique sur Internet.
Brigitte : - Je me souviens. Mais j'ai oublié son nom, à ce chanteur qui tendait son joint aux CRS. Il paraît que cette photo, ça lui a rapporté un max de blé, ses ventes ont

redécollé, encore plus que Gainsbourg quand il avait brûlé un gros billet à la télé.
Delphine : - C'est qui Gazbourg ?
Odette : - Antonin aussi a réussi un super bon plan média : avec Jef, nous avions organisé une super manif. Forcément spontanée ! On avait déplacé une de nos célèbres rencontres interprofessionnelles de la chanson française de qualité. Ils nous en avaient voulu les parigots, quand le 20 heures avait ouvert par un duplex avec le merveilleux petit village du sud-ouest « *où il y a ce soir plus de manifestants que d'habitants habituellement.* »
Delphine : - Mais pourquoi ont-elles cessé, ces rencontres ? Je me souviens, j'avais vu un reportage à la télé.
Aurélie : - C'est écrit dans sa dernière biographie : « *le monde de la chanson regrette que ce haut lieu de la formation, de la création, ait dû fermer, à cause de campagnes de presse scandaleuses, inacceptables.* »
Odette : - On nous a reproché nos subventions ! Trop d'argent dilapidé ! Pourtant, qu'est-ce qu'on se prenait comme bon temps avec Jef, on s'en est payé de super vacances sur le dos des subventions !
Aurélie : - C'était donc magouilles !
Odette : - Retire ce mot, sinon je range le floc ! Le monde de la chanson a ses traditions. Et la Cour des Comptes ferait mieux…
Aurélie : - Je n'ai rien dit !
Cécile : - Je peux poser une question ?
Delphine : - Je te répondrai si Odette nous a déjà confié le secret.
Cécile : - Ça se passe comment, ces vingt-quatre heures ?
Delphine : - Du floc, du floc et quelques bouteilles sans étiquette. Distillation secrète ! Une chambre personnelle

dont le numéro correspond à l'ordre alphabétique A1, B2, C3, donc Cécile 3, et demain Antonin pour les photos, les télés, le discours tant attendu du président du Conseil Régional. Et comme ça fait cinq minutes, tu peux poser ton sac, nous tutoyer, et venir trinquer...
  Cécile s'avance, encore timide.
Emilie : - Ne t'inquiète pas, tu n'es pas obligée de boire ! Observer peut être très instructif !
Aurélie : - Pourquoi elle ne rattraperait pas son retard ?
Cécile : - Il est vrai que j'ai un petit creux. Avec toutes ces aventures, je n'ai pas même pris le temps de m'arrêter au restaurant, j'ai foncé.
Delphine : - Des cacahouètes bien salées vont te donner soif !
Cécile : - Je meurs de soif ! (*elle pose son sac et s'assied*)
  On entend un klaxon américain devant la porte. *Silence.*
Odette : - Ma frangine ! La célèbre Clara dont je vous ai parlé. Elle tient un bistrot. A cette heure-ci, il ne reste que les derniers poivrots alors elle laisse le p'tit jeune au comptoir. (*elle se lève, va ouvrir*) Dépêche-toi, je vais attraper froid.
  Entre Clara. Elles s'embrassent. Clara observe.
Clara : - Et l'Antonin ?
Odette : - Oh quelle histoire ! (*regardant les femmes assises :*) Pauvre Antonin ! Vous pourriez quand même respecter sa mémoire, arrêter de picoler cinq minutes !
Delphine : - Il n'est pas mort, ton champion, juste cloîtré !
Odette : - Cloîtré, tu as trouvé le mot juste ma belle. Elle est tellement jalouse sa femme ! Et elle a tout deviné.

Géraldine : - Jalouse, je l'étais même pas. J'avais une totale confiance. Mais loin des yeux loin du cœur. Loin des yeux près de son pieu. Pour moi aussi, comme pour les autres.
Odette : - Y'avait pas besoin d'être une lumière pour comprendre. Elle est passée la semaine dernière, elle a feuilleté le dossier. Je l'avais pourtant caché. Et elle n'a pas pu se retenir de remarquer « *bizarre, quand même, sept femmes, en plus fraîches et mignonnes.* »
Delphine : - Elle n'a pas regardé le reportage télé ?
Odette : - Pauvre Antonin ! Il s'est sacrifié pour qu'elle ne le voie pas : devoir conjugal ! Il l'a honorée durant une heure comme une femme désirable.
Aurélie : - Elle a pourtant les moyens de se payer un peu de chirurgie esthétique !
Odette : - Au village, on la surnomme « la Jacksonnette », tellement elle est siliconée.
Aurélie : - C'est pourtant pas écrit dans les biographies.
Emilie : - Mais tu crois vraiment aux biographies !
Aurélie : - Tu ferais mieux de boire !
Odette : - Pauvre Antonin ! Il doit fixer sa vallée illuminée de lampes solaires. Tout ça parce que sa Jacinthe a réussi à le persuader que briser son image de dernier romantique serait catastrophique. L'homme qui n'a aimé qu'une femme ! Et il chante les fleurs ! Jure sur le cœur qu'elle lui inspire toutes ses chansons. Comme c'est triste, une idole non maquillée !
Cécile : - Oh ! La première guitare du maître !
Delphine : - C'est pas sa première guitare. Sa première, Odette la lui a fracassée sur la tête. Et elle a eu bien raison. S'il était là devant moi, il s'en prendrait une troisième.
Odette : - Delph, je t'interdis de colporter de tels ragots, c'est sa première guitare, point à la ligne.

Brigitte : - Comme elle est belle la première guitare du maître !

Géraldine : - T'es sourde ou tu tiens pas l'alcool ?! La première, Odette la lui a fracassée sur la tête. S'il débarque, il s'en prend une autre.

Odette : - Géraldine ! Même toi si belle et si douce, je vais devoir te priver de floc si ça continue ! Je t'interdis de colporter de tels ragots, c'est sa première guitare, point à la ligne.

Géraldine : - Si j'en avais la force ! J'ai même pas réussi à lui mettre trois gifles à cette Momina qui n'a même pas pleuré en avouant son indignité !

Rideau

Acte 3

Suite beuverie. On sonne.

Odette : - Mon Dieu ! Qui cela peut-il bien être !
Cécile : - Il en manque une, c'est donc elle !
Odette *compte* : - 1, 2, 3, 4, 5, 6, 7 (*elle se compte en septième*). Sept, le compte est bon.
Aurélie : - Sept moins un ?
Odette : - Six, à quoi tu joues ?
Clara : - Odette, reviens sur terre !
Aurélie : - Tu n'as pas gagné, tu es l'hôtesse ! Avec un O comme O…
Delphine : - Tocard !
Odette : - Tocard ?
Delphine : - Autocar, l'autocar est arrivé sans se presser. Un autocar à roulettes. Et s'il n'en reste qu'une ce sera la dernière, et la septième va décoller les étiquettes.
Odette : - Qui va là ?
Géraldine : - Cachez les bouteilles !
Cécile : - J'aurais pas dû rattraper mon retard.

On sonne de nouveau.

Odette, *se lève, se précipite, ouvre difficilement (la porte est fermée à clé)* : - Oh ! (*elle se tient à la porte*) Monsieur le commissaire ! (*elle sort et referme la porte*)

Géraldine : - Il est arrivé quelque chose à notre Antonin !
Aurélie : - Tu crois qu'ils l'ont retrouvé noyé dans le lac ?
Cécile : - Ecrasé par une de ses autruches !
Delphine : - Il s'est suicidé !
Géraldine : - Mort comme Félix Faure, dans les bras d'une courtisane.
Clara : - Ah Félix Faure ! Quel président ! Le pépé en

parlait toujours en souriant ! Et on ne comprenait pas, on était jeunes.
Brigitte : - Si c'est ça on va passer à la télé !
Aurélie : - T'aurais pas honte de profiter de sa mort pour réciter ton poème au journal de TF1.
Brigitte : - J'y avais pas pensé ! Mais si les journalistes m'interrogent, je leur annonce une exclusivité mondiale.
Aurélie : - Du genre il m'a téléphoné hier pour me demander l'autorisation de mettre ce texte dans son prochain album !
Brigitte : - J'y avais pas pensé ! Tu travaillerais pas dans la pub ?
Géraldine : - C'est ce connard de Carlo qui travaille dans le marketing pour l'Union Européenne à Addis-Abeba, et il ne pouvait pas se contenter de Sophie, ouais Sophie, l'instit, il a fallu qu'il se tape une princesse black. Monsieur distingué s'offrait une blanche les jours pairs et une noire les jours impairs. Il faudrait que j'oublie ! Ce n'est qu'une petite erreur ! Trahir et mentir durant des mois, on en fait tous des erreurs !
Brigitte : - Tu penses à tes histoires de... de... alors qu'Antonin est peut-être raide !
Géraldine : - Excusez-moi, je vais pas bien.
Cécile : - La fidélité peut s'agrémenter d'un peu de piment ! Une aventure de temps en temps ressoude le couple !
Clara : - C'est c'qu'on dit pour justifier ses infidélités. Hypocrisie. Et quand c'est l'autre, on n'a que ses yeux pour pleurer. Vous me voyez, moi, pourtant dans un bistrot on en a des occasions, y'en a des hommes à consoler, y'en a des hommes qui savent causer, mon Jojo il est mort en sachant que j'ai toujours été irréprochable. Et même encore aujourd'hui, j'y pense tous les jours, à

mon Jojo (*de petits sourires biaisés : elles se souviennent des propos d'Odette sur Jef, l'amant de Clara*).

Brigitte : - Odette, elle n'a jamais été mariée ?

Clara : - Elle tient trop à son indépendance, sa liberté, son libre arbitre, comme elle dit.

Aurélie : - Enfin raide, les femmes diront devant son cercueil !...

Brigitte : - Oh !

Aurélie : - Bin oui, enfin raide naturellement, diront celles qui savent qu'il prenait du Viagra !

Géraldine : - C'est ce connard de Carlo qui prend du Viagra.

Odette rentre.

Toutes : - Alors ?

Odette : - Rien ! Juste un gendarme ! Il a eu un appel d'une lauréate, une certaine Cécile, qui serait en retard !

Cécile : - Exact, j'avais téléphoné au commissariat !

Odette : - L'escroc, pour le service il m'a demandé une petite gâterie. Je n'ai pas pu lui refuser, c'est presque mon vagin, oups mon voisin ! Il a vingt-deux ans ! C'est une mode venue d'Angleterre, paraît-il, les femmes mûres dévoreuses de jeunes hommes. Et sa femme est une amie.

Clara : - Après tu t'étonnes que les journalistes écrivent n'importe quoi ! Tu ne peux pas t'empêcher de raconter des histoires abracadabrantes et je suis certaine que mesdemoiselles les croient.

Géraldine : - Il en a eu aussi des gâteries, son baratineur d'aéroport, alors qu'elle m'écrivait encore « *tu me manques.* » Pourtant il avait presque trois fois vingt-deux ans !

Brigitte : - Ah ! donc tout va bien, ça m'a donné une de ces peurs !
Géraldine : - En tout cas, les vieux croûtons dévoreurs de chair fraîche, ça doit être universel, pas seulement pour les fonctionnaires italiens en poste en Ethiopie.
Cécile : - Ça manque d'hommes cette soirée ! Tu aurais pu me le présenter ! Pour une fois que je suis loin de mon mari !
Aurélie : - Même durant ma procédure de divorce, j'aurais jamais osé être aussi directe !
Cécile : - Y'a des opportunités, il faudrait être folle de les louper ! Je suis une femme fidèle, amoureuse mais moderne et réaliste ! Dans certaines circonstances, les hormones ont leurs exigences.
Brigitte : - Revoilà la théorie « tout n'est que réactions hormonales !» Exit conscience dignité et cohérence ! Comme tout cela serait triste si c'était vrai !
Odette : - On ne peut pas lui donner tort, ni lui en vouloir. Il fut d'une tendresse touchante, pas une parole ni un geste obscène. Il sait que dans le show-biz on a la tendresse facile.
Clara : - Il ne faut pas la croire !
Odette : - Mais tout le monde fait ça ! Je suis même certaine qu'il n'a pas l'impression d'avoir trompé Séverine.
Géraldine : - Comme sous le soleil d'Addis ! On va au restau et on prend le dessert jusqu'à sept heures du mat, vas-y pépère, profites-en, reprends de la figue, je suis à toi. Géraldine, Géraldine, tu me manques on écrit dans les mails mais on s'emmêle sans état d'âme. Elle m'a aussi baratinée avec ses hormones.
Aurélie : - Alors c'est vrai, c'est un milieu guère fréquentable, le show-biz ?

Odette : - On y vieillit vite : regarde, moi, j'avais 17 ans, et je les ai plus.

Aurélie : - Je te rassure, ça arrive aussi chez les comptables !

Odette : - Peut-être, mais elles ne s'en aperçoivent pas !

Aurélie, *à Delphine*: - Faut pas essayer de comprendre, Odette est gasconne.

Géraldine : - Franchement, ça fait au moins trois jours que j'ai arrêté d'essayer de comprendre ce qui se passe ici !

Aurélie : - Tu étais où y'a trois jours ?

Odette : - Moi, parfois, j'ai bien l'impression qu'une journée tient en trois secondes. Le contraire peut donc arriver aussi.

Géraldine : - À une époque on mettait le temps en bouteilles et parfois il en sortait un ogre, parfois il en sortait...

On sonne. Un bond général.

Aurélie : - Là c'est le retour des blousons noirs ! Où j'ai mis ma bombe lacrymogène ? (*elle fouille dans ses poches*)

Odette : - Silence les filles, quand le chasseur arrive, les biches se cachent.

Delphine, *plus bas* : - Tu es allée voir Bambi au cinéma ?

Clara : - J'en ai tellement servi des loubards, ne vous inquiétez pas, je sais leur parler. Ils savent qu'eux et moi on est du même côté.

Cécile : - Et on fait quoi ?

Odette : - Rassurez-vous, j'ai refermé à clé.

Nouvelle sonnerie.

Voix féminine du dehors (*uniquement les derniers mots compréhensibles*) : - ... Ouvrez-moi !

Odette : - Sa femme ! C'est la fin du monde ! (*elle se signe, vide le fond de son verre*)
Delphine : - Entre femmes, on saura se comprendre.
Cécile : - Après tout, nous n'y sommes pour rien. Leurs histoires de couple ne regardent que les journaux.
Odette, *se lamente* : - Virée, virée sans indemnités ! Je l'avais bien pressenti, et sur qui ça va retomber, sur Bambi... sur bibi... Elle me paiera mes indemnités, sinon j'en ai à raconter ! Même si elle vient avec un huissier pour m'accuser d'avoir outrepassé les termes de mon contrat ! Elle ne m'a jamais aimée, la garce ! J'y peux rien si son mec a un faible pour moi ! J'y peux rien si sa star de mari en pince pour mes cuisses !

La voix du dehors : - (*quelques mots incompréhensibles, puis*) C'est Françoise, je suis en retard.
Odette : - Françoise, Françoise ? Je ne connais pas de Françoise.
Delphine : - Elle veut nous embrouiller, c'est une ruse de pêcheur, de chasseur.
Géraldine : - Y'a des femmes chez les blousons noirs.
Clara : - Tu veux que je m'en occupe ?
Aurélie : - Six ! F 6 !
Brigitte : - Touché ? Coulé ? Mais où est le plan de la bataille navale ?
Delphine : - Les avions, ce sont des F16, je le sais, mon cousin...
Aurélie : - A 1 Aurélie, F 6 Françoise !

Odette, *euphorique* : - Ah Françoise ! Je vous le disais bien que c'était pas sa femme !
Françoise : - Je suis la lauréate du concours.
Odette : - Je sais, je sais ! Mais j'ai quand même le temps

de me lever ! Je suis en heures sups ! Je vais lui demander une prime de risques à l'Antonin.
Odette se lève, titube jusqu'à la porte et ouvre finalement.
Françoise : - Oh excusez-moi, je suis en retard !
Odette : - T'inquiète pas, y'a des réserves !
Delphine : - Hé ! La nouvelle !
Françoise, *timide* : - Je suppose que c'est moi que vous appelez !
Delphine : - Et j'attendrai pas cinq minutes : tu es des nôtres, viens trinquer !
Odette : - Mais entre Françoise… Tu arrives au bon moment…. La nuit sera chaude !
Delphine : - Chaude !
Odette : - Il va me payer mes heures sups !
Delphine : - En floc !
Odette : - Je suis pas du genre à tout déballer dans les journaux ni à demander d'être choriste ! Mais l'argent du travail, c'est sacré. Toute peine mérite salaire. Combien de fois je me suis levée ce soir !
Clara : - Sur ça tu as raison. Si tu ne réclames pas ton argent, certains partiront sans payer.
Aurélie : - Et n'oublie pas de facturer les descentes à la cave !
Odette : - Parfaitement ! Et comme la chaudière est lancée, la nuit sera chaude ! *(plus discrètement à Géraldine près de qui elle s'assied :)* ça fait bien longtemps que je n'ai pas eu envie de faire un câlin avec une femme, mais faut que je te l'avoue, depuis que tu es arrivée je suis déstabilisée, y'a un truc en toi qui m'appelle et me fait vibrer. Je ne suis pas du genre à m'échauffer rapidement mais là, tu vois, je ne vais même pas te faire la grande scène de l'amitié… je te désire…

Géraldine : - Si tu insistes aussi gentiment...

Odette lui caresse les cheveux, le dos... Toutes les observent plus ou moins discrètement. Clara est très gênée.

Odette : - Si nous étions seules... j'oserais même passer une main en dessous...
Géraldine : - Si en plus tu m'offres un séjour à la Martinique...
Odette : - Tu passes vite de l'envie d'un peu de tendresse à l'envie d'une grande dynamique, d'une vraie liaison... Je dis pas non, les mecs sont tellement décevants.
Géraldine : - Et pourtant cette conne de Momina s'est laissée entuber. Elle avait besoin d'affection !
Odette : - Pense plus à elle ma belle, profite du temps présent en toute sincérité, en toute passion.
Géraldine : - Je me rappelle très bien, très très bien, de choses très bonnes, plus que bonnes... et je sais qu'elle m'Aime de nouveau...
Odette : - Tu vas en connaître d'autres.
Géraldine : - Elle voudrait presque mes chaleureuses félicitations : elle ne m'a pas trahie avec son gardien ni son chauffeur mais avec un dandy distingué au sourire enjôleur ! Un monsieur ! Un sophiste oui, un être fondamentalement mauvais, vide, prétentieux, né avec une cuillère en argent dans la bouche, vide malgré ses prétentions à la voie de la sagesse avec des séjours de prétendues retraites dans des monastères.
Odette : - C'est fini, ma princesse.
Géraldine : - Son petit trésor excisé... et elle l'a laissé souiller, elle le regrette à peine en plus, elle sait juste marmonner « *désolée, je croyais qu'on allait se quitter, je croyais que tu ne m'aimais plus vraiment, je croyais ne plus t'aimer à ce point, je croyais qu'on allait se*

séparer... désolée, il m'a déstabilisée, ça ne m'était jamais arrivé, j'ai été submergée, j'avais des douleurs atroces au ventre mais j'y allais... désolée...»
Odette : - Ma princesse. (*elle la caresse de plus en plus*)
Aurélie : - Je crois qu'on va terminer la soirée sans notre cheftaine.
Brigitte : - C'est dommage de se scinder comme ça. On formait un bon groupe.
Aurélie : - La vertu n'est pas une notion universelle.
Brigitte : - Je me demande souvent quel plaisir les gens trouvent dans la trahison ?
Aurélie : - Si on se met à philosopher, on va finir par pleurer.
Clara : - Y'a des choses qui ne se font pas.
Cécile : - Nous ne sommes plus en 1910.
Clara : - Mais pas en public ! Et même si je ne suis qu'une modeste travailleuse, j'ai de la moralité.
Delphine : - Qu'est-ce qu'on pourrait faire d'autre ! Allez Françoise, viens essayer de comprendre !
Françoise : - Oui.
Emilie : - Tu te demandes où tu es arrivée ?
Françoise : - Oui.
Delphine : - Qu'est-ce qu'on pourrait faire d'original maintenant qu'on a trop bu ?
Cécile : - Chanter au pays de la chanson ! Ou se caresser au pays des caresses !
Françoise : - J'ai l'impression de ne pas tout comprendre.
Emilie : - Rassure-toi, tu n'es pas la seule ! Mais tu as la chance de pouvoir observer avec des yeux bien ouverts.
Clara : - Y'a des choses qu'on préférerait ne pas voir.
Géraldine : - Elle avait des choses désagréables à m'apprendre, qu'elle écrivait dans ses mails.
Odette : - C'est du passé ma princesse, sois dans l'instant

présent, vis ce moment privilégié avec passion. Nous sommes ensemble en toute sincérité.

Géraldine : - Il l'appelait princesse et elle a passé quatre nuits nue dans son pieu à ce salaud et à sept heures du matin, avant d'aller occuper son poste d'inutile privilégié buvant le sang de l'Afrique, il descendait sa conquête chez elle, son escort girl quasi gratuite, et elle s'empressait de m'écrire un mail anodin.

Odette : - Tourne la page.

Géraldine : - Elle a même envisagé de faire sa vie avec, durant quelques jours. Mais pour lui, elle n'était qu'une aventure de passage, une couleur locale à consommer, et elle aurait voulu qu'il reste son ami de cœur, et en plus me l'imposer. Ami de cœur, elle a osé m'écrire depuis !

Odette : - C'est fini tout cela, on s'est rencontrées et le monde s'est éclairci.

Brigitte : - On va chanter !

Aurélie : - Allez, sors ton merveilleux poème destiné au prochain album d'Antonin.

Brigitte : - Tu crois que je peux oser ?

Aurélie : - On aura au moins fini la soirée dignement.

Emilie : - Dormir pour être en forme demain ! La première levée touchera le jackpot !

Delphine : - T'es vraiment voyante ?

Brigitte, *à Aurélie* : - Oui, tu as raison, la dignité est de notre côté (*elle sort une feuille, la pose entre Aurélie et Emilie*) tenez, je la connais par cœur.

Elles entonnent, le plus mal possible, « Qu'une fois »...

On parle de l'Amour
Qui ne serait plus
Qu'une vulgaire chasse à courre
Un jeu pratiqué nu
On joue à l'amour

On dit grand amour
Quand on a trop bu
Ou qu'on reste plus d'huit jours
En étant convaincu
Que c'est pour toujours (*Odette se lève, tend la main droite à Géraldine qui la prend, se lève aussi, elles sortent main dans la main durant le refrain*)

Mais les rues sont pleines
De gens qui comme moi
N'ont dit qu'une fois
« Tu sais, je t'aime »

Rideau – FIN

Stéphane Ternoise... un peu plus d'informations

Né en 1968

http://www.ecrivain.pro essaye d'être complet, avec un "blog" (je préfère l'expression "une partie des chroniques"). Mais il ne peut naturellement pas copier coller l'ensemble des textes présentés ailleurs.

http://www.romancier.net
http://www.dramaturge.net
http://www.essayiste.net
http://www.lotois.fr

Les noms de ces sites me semblent explicites...
Le graphisme reste rudimentaire. Tant de choses à faire...

http://www.salondulivre.net le prix littéraire a lancé sa onzième édition. Une réussite d'indépendance. Mais peu visible...

L'ensemble des livres numériques ont vocation à devenir disponibles en papier et réciproquement. Il convient donc de parler de livre au sens fondamental du terme : le contenu, l'œuvre. En juillet 2013, le catalogue numérique de Stéphane Ternoise dépasse la barre naguère inimaginable de la centaine. Il est constitué de romans, pièces de théâtre, essais mais également de photos, qu'elles soient d'art (notion vague) ou documentaires (présentation de lieux, Cahors, Cajarc, Montcuq, Beauregard, Golfech...), publications pour lesquelles l'investissement en papier est impossible, sauf à recourir à l'impression à la demande.

Table

11   Deux comédiennes : *Trois femmes et un amour*

33   Deux comédiennes : *Des vies après l'étape mannequin*

41   Trois comédiennes : *Trois femmes et une médaille retrouvée*

55   Quatre comédiennes : *Quatre femmes attendent la star*

95   Cinq comédiennes : *Cinq femmes attendent la star*

107 Six comédiennes : *Six femmes attendent la star*

151 Six comédiennes : *Ça magouille aux assurances*

177 Sept comédiennes : *Sept femmes et la star*

219 Huit comédiennes : *Sept femmes et la star (plus fan)*

223 Neuf comédiennes : *Neuf femmes et la star*

233 Dix comédiennes : *Dix femmes et la star*

Tous droits de traduction, de reproduction, d'utilisation, d'interprétation et d'adaptation réservés pour tous pays, pour toutes planètes, pour tous univers.

Site officiel : http://www.ecrivain.pro

Présentation des livres essentiels :
http://www.utopie.pro

Théâtre pour femmes **de Stéphane Ternoise**

Dépôt légal à la publication au format ebook (978-2-916270-37-1) du 20 août 2011.
Il existe également une version papier imprimée en décembre numéro d'imprimeur 594228G (ISBN 978-916270-04-3) dont quelques exemplaires restent disponibles sur ecrivain.pro

Imprimé par CreateSpace, An Amazon.com Company pour le compte de l'auteur-éditeur indépendant.
livrepapier.com

ISBN 978-2-36541-409-8
EAN 9782365414098

www.ingramcontent.com/pod-product-compliance
Lightning Source LLC
Chambersburg PA
CBHW070730160426
43192CB00009B/1382